Ringen

Das ultimative Lehrwerk für Anfänger, die Techniken im Ringen zur Selbstverteidigung, für die körperliche Fitness oder für Wettkämpfe erlernen möchten

© Copyright 2025

Alle Rechte vorbehalten. Kein Teil dieses Buches darf in irgendeiner Form ohne schriftliche Genehmigung des Autors reproduziert werden. Rezensenten dürfen in Besprechungen kurze Textpassagen zitieren.

Haftungsausschluss: Kein Teil dieser Publikation darf ohne die schriftliche Erlaubnis des Verlags reproduziert oder in irgendeiner Form übertragen werden, sei es auf mechanischem oder elektronischem Wege, einschließlich Fotokopie oder Tonaufnahme oder in einem Informationsspeicher oder Datenspeicher oder durch E-Mail.

Obwohl alle Anstrengungen unternommen wurden, die in diesem Werk enthaltenen Informationen zu verifizieren, übernehmen weder der Autor noch der Verlag Verantwortung für etwaige Fehler, Auslassungen oder gegenteilige Auslegungen des Themas.

Dieses Buch dient der Unterhaltung. Die geäußerte Meinung ist ausschließlich die des Autors und sollte nicht als Ausdruck von fachlicher Anweisung oder Anordnung verstanden werden. Der Leser / die Leserin ist selbst für seine / ihre Handlungen verantwortlich.

Die Einhaltung aller anwendbaren Gesetze und Regelungen, einschließlich internationaler, Bundes-, Staats- und lokaler Rechtsprechung, die Geschäftspraktiken, Werbung und alle übrigen Aspekte des Geschäftsbetriebs in den USA, Kanada, dem Vereinigten Königreich regeln oder jeglicher anderer Jurisdiktion obliegt ausschließlich dem Käufer oder Leser.

Weder der Autor noch der Verlag übernimmt Verantwortung oder Haftung oder sonst etwas im Namen des Käufers oder Lesers dieser Materialien. Jegliche Kränkung einer Einzelperson oder Organisation ist unbeabsichtigt.

Inhaltsverzeichnis

EINFÜHRUNG 1
KAPITEL 1: WARUM SOLLTE ICH MICH FÜR DAS RINGEN
ENTSCHEIDEN? 3
KAPITEL 2: GRUNDREGELN UND FÄHIGKEITEN 16
KAPITEL 3: KÖRPERHALTUNG UND GLEICHGEWICHT 28
KAPITEL 4: DECKUNG DURCHDRINGEN, ANHEBEN UND
ANDERE MANÖVER 44
KAPITEL 5: ANGRIFF UND GEGENANGRIFF 60
KAPITEL 6: WENDETECHNIKEN 75
KAPITEL 7: ENTKOMMENSTECHNIKEN 86
KAPITEL 8: PIN-KOMBINATIONEN 98
KAPITEL 9: TRAINING ZU HAUSE 109
KAPITEL 10: TRAINING UND BETREUUNG VON JUGENDLICHEN 120
KAPITEL 11: ERFOLG IM RINGEN 131
FAZIT 141
HIER IST EIN WEITERES BUCH VON CLINT SHARP, DAS IHNEN
GEFALLEN KÖNNTE 144
REFERENZEN 145
BILDQUELLEN 146

Einführung

Sind Sie auf der Suche nach einer Möglichkeit, um Ihre Fitness und Ihre sportlichen Fähigkeiten auf ein höheres Niveau zu bringen? Dann könnte das Ringen die perfekte Wahl für Sie sein. Die Kombination aus Kraft, Beweglichkeit und Technik macht das Ringtraining unglaublich herausfordernd, was Ihnen gleichzeitig beim Erwerb von Fähigkeiten hilft, die auch in anderen Bereichen nützlich sind.

Ringen ist nicht nur ein Sport, sondern wird für viele Menschen zu einer lebensverändernden Erfahrung. Es fordert Sie dazu heraus, körperlich und geistig an Ihre Grenzen zu gehen, und lehrt Sie Disziplin, Ausdauer, Teamwork und Widerstandsfähigkeit. Ringer lernen, mit Widrigkeiten umzugehen, Rückschläge zu überwinden und kreative Lösungen für Probleme auf der Matte und in anderen Lebensbereichen zu finden. Dieses Lehrwerk bringt Ihnen die Grundlagen des Ringens näher, von Regeln und Fertigkeiten über Körperhaltung und Gleichgewicht bis hin zu erfolgsversprechenden Trainingstechniken.

Über den Wettkampf hinaus fördert das Ringen wie kein anderer Sport die Kameradschaft und den Zusammenhalt. Beim Ringen entsteht eine Gemeinschaft von Individuen, die ihre Liebe zum Sport und das gemeinsame Streben nach Spitzenleistungen gemeinsam haben. Beim Ringen geht es nicht nur um Sieg oder Niederlage, sondern auch um die Erfahrungen und die Lektionen, die man auf im Laufe der Zeit für sich gewinnt. Dieses Buch enthält Lektionen zum Thema Deckung durchdringen, Anheben, Angreifen und Gegenangriffe durchführen, Umkehrstrategien, Fluchttechniken, Pinn-Kombinationen und vieles mehr. Sie erfahren außerdem, wie Sie zu Hause trainieren und jugendliche Ringkämpfer trainieren können.

Ringen lehrt Sie unschätzbar wertvolle Lektionen zum Thema Lebenskompetenz und Charakterstärke, von denen Sie Ihr ganzes Leben lang profitieren können. Von Disziplin und Ausdauer bis hin zu Bescheidenheit und Führungsqualitäten – das Ringen vermittelt Ihnen wertvolle Eigenschaften und macht die Teilnehmer zu besseren Menschen. Die Bindung zwischen den Mannschaftskameraden ist unzerstörbar und der Adrenalinrausch, den der Wettkampf auf der Matte auslöst, ist mit nichts anderem vergleichbar. Ringen fordert die Menschen körperlich und geistig heraus, treibt sie an ihre Grenzen und hilft ihnen dabei, ihr wahres Potenzial zu entdecken. Dieses Buch behandelt all diese Themenbereiche und vieles mehr.

Wenn Ihnen die Welt des Ringens bis jetzt unbekannt war, kann sich der Versuch, sich in dieser zurechtzufinden, anfänglich überwältigend anfühlen. Die Intensität des Sports, die scheinbar endlosen Regeln und Vorschriften und die schieren körperlichen Herausforderungen können zunächst einschüchternd wirken. Aber lassen Sie sich davon nicht abschrecken, denn wenn Sie sich erst einmal darauf eingelassen haben, bringt Ihnen das Ringen endlose Vorteile. Ein Gefühl der Disziplin und Harmonie durchdringt jeden Aspekt des Ringens, vom Training bis zum Wettkampf. Darüber hinaus sind das persönliche Wachstum und das Selbstvertrauen, das Sie dann gewinnen, wenn Sie bis an Ihre Grenzen gehen, von unschätzbarem Wert. Diese Erfahrungen bringen manchmal große Herausforderungen mit sich, aber der Lohn ist die Mühe immer wert. Treten Sie also mit Begeisterung auf die Matte, denn die Welt des Ringens wartet mit offenen Armen und endlosen Möglichkeiten auf Sie.

Am Ende der Lektüre dieses praktischen und prägnanten Lehrwerks werden Sie den Sport und alles, was er mit sich bringt, gründlich verstanden haben. Wenn Sie ein Auge fürs Detail und ein Streben nach Exzellenz mit sich bringen, wird das Ringen Sie zu einem besseren Sportler und Menschen machen. Vom Erlernen der Grundlagen bis hin zum Erfolg auf höchstem Niveau – dieses Lehrwerk deckt alle Bereiche ab. Die Welt des Ringkampfs ist riesig und unglaublich bereichernd. Also, worauf warten Sie noch? Wagen Sie den ersten Schritt und lassen Sie sich von diesem Buch auf Ihrer Reise begleiten.

Kapitel 1: Warum sollte ich mich für das Ringen entscheiden?

Das Ringen könnte zu Ihrer neuesten Obsession werden, wenn Sie nach einer Sportart suchen, die Sie sowohl körperlich als auch geistig herausfordert. Es erfordert von Ihnen nicht nur unglaubliche Kraft und Ausdauer, sondern auch mentale Stärke und strategische Denkfähigkeiten. Das Ringen wird dadurch zu einem großartigen Charaktertest. Es lehrt Sie, Schmerzen und Widrigkeiten zu überwinden und niemals aufzugeben, wenn es schwierig wird. Außerdem lassen sich die Fähigkeiten, die Sie auf der Matte lernen, auf alle anderen Bereiche Ihres Lebens übertragen. Durch diese Erfahrungen gewinnen Sie an Selbstvertrauen und Disziplin, die sich auch positiv auf Ihre Beziehungen, Ihr Studium und Ihre Karriere auswirken können.

Wenn Sie zu einer besseren Version Ihrer selbst werden wollen, während Sie gleichzeitig viel Spaß haben und lebenslange Freundschaften schließen, sollten Sie sich für das Ringen entscheiden. Dieses Kapitel befasst sich mit den Ursprüngen, der Philosophie und den Vorteilen des Ringens. Im Folgenden wird erörtert, wie das Ringen im Vergleich zu anderen Kampfsportarten abschneidet und welche Techniken für das Selbstverteidigungstraining eingesetzt werden können. Das Kapitel endet mit Ratschlägen für Eltern, die erwägen, ihre Kinder beim Ringtraining anzumelden. Am Ende des Kapitels sollten Sie das Ringen besser verstehen und wissen, warum es sich um einen so beliebten Sport handelt.

Einleitung ins Ringen

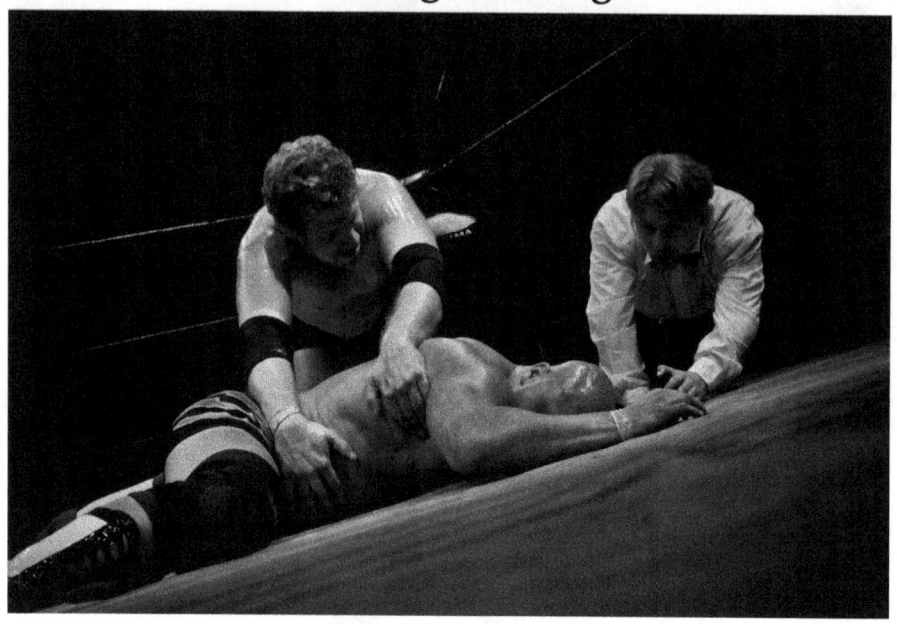

Ringen ist ein Sport, bei dem Sie versuchen, Ihren Gegner auf die Matte zu pinnen. [1]

Das Ringen ist eine der ältesten und beliebtesten Sportarten der Welt. Es ist eine Kampfsportart, bei der zwei Wettkämpfer gleichzeitig versuchen, ihren Gegner auf die Matte zu legen oder ihn aus dem Ring zu drängen. Das Ringen erfordert körperliche Stärke, Beweglichkeit und geschultes strategisches Denken. Außerdem handelt es sich um einen Sport, der sich im Laufe der Jahrhunderte von seinen Ursprüngen in antiken Zivilisationen bis hin zu den modernen olympischen Wettkämpfen entwickelt hat. In diesem Abschnitt erfahren Sie mehr über die Geschichte des Ringens, seine Ursprünge und die Philosophie, die sich hinter diesem Sport verbirgt.

Ursprünge

Das Ringen gibt es schon seit über 15.000 Jahren. Man nimmt an, dass es seinen Ursprung in antiken Zivilisationen wie etwa Griechenland, Ägypten und Rom hat. Ringen war schon bei den ersten Olympischen Spielen in Griechenland beliebt, wo es eine der fünf Disziplinen des Fünfkampfs war. Im Mittelalter wurde Ringen zu einem beliebten Sport in Europa. Es gibt historische Belege für organisierte Wettkämpfe in Frankreich, Deutschland und England. Ringen wurde auch zur Selbstverteidigung und zur Vorbereitung auf den Nahkampf eingesetzt.

Geschichte

In den Vereinigten Staaten wurde das Ringen Anfang des 20. Jahrhunderts mit der Gründung der Amateur Athletic Union (AAU) und der National Collegiate Athletic Association (NCAA) populär. Ringen wurde an den Universitäten zunehmend beliebter, und die High Schools (weiterführende Schulen) nahmen es in ihre Sportprogramme auf. Professionelles Ringen entwickelte sich in den Vereinigten Staaten als Unterhaltungsform mit inszenierten Kämpfen und Geschichten und ist auch unter dem Namen „Wrestling" bekannt.

In der zweiten Hälfte des 20. Jahrhunderts wurde Ringen zu einem internationalen Sport, als die International Federation of Associated Wrestling Styles (FILA) gegründet und Ringen in die modernen Olympischen Spiele aufgenommen wurde. Ringen ist nach wie vor ein weltweit beliebter Sport, an dem jedes Jahr Millionen von Menschen teilnehmen und Ringkämpfe verfolgen.

Philosophie

Das Ringen ist mehr als nur ein rein körperlicher Sport. Tatsächlich handelt es sich um eine geistige und spirituelle Kampfdisziplin. Ringer trainieren ihren Körper, um stark und beweglich zu werden, und entwickeln eine ausgeprägte Arbeitsmoral, Ausdauer und mentale Widerstandsfähigkeit. Das Ringen lehrt Kämpfer Fähigkeiten wie Konzentration, Disziplin und Selbstbeherrschung, die Sie auch in anderen Bereichen Ihres Lebens anwenden können. Ringen betont außerdem den Respekt vor sich selbst und vor dem Gegner. Bei Ringkämpfen schütteln sich die Teilnehmer vor und nach dem Spiel die Hände, und Sportlichkeit wird hoch geschätzt. Ringen lehrt Demut und betont die Bedeutung von harter Arbeit und Hingabe.

Von seinen Ursprüngen in antiken Zivilisationen bis hin zu den modernen Olympischen Spielen hat sich das Ringen im Laufe der Jahrhunderte weiterentwickelt. Heutzutage ist es eine geistig und spirituell wertvolle Sportart, die den Kämpfern wichtige Lebenskompetenzen wie Selbstbeherrschung, Disziplin und Respekt vor sich selbst und dem Gegner vermittelt. Ob Sie nun selbst ein Ringkämpfer oder ein begeisterter Sportfan sind, das Ringen bietet Ihnen eine einzigartige und lohnende Erfahrung.

Die Vorteile des Ringens

Wenn sich die Menschen einen Ringkampf vorstellen, denken sie oft an zwei Sportler, die sich gegenseitig auf die Matte werfen. Das ist zwar zweifellos ein wichtiger Teil des Sports, aber beim Ringen geht es noch um viel mehr als nur das. Das Ringen dient dem Ganzkörpertraining, das Kraft, Beweglichkeit und Ausdauer erfordert. Es fordert Sie geistig heraus und verlangt Disziplin, Sportsgeist und persönliches Wachstum. In diesem Abschnitt erfahren Sie mehr über die vielen Vorteile des Ringens und darüber, warum es mehr als nur ein Sport ist.

- **Körperliche Stärke und Ausdauer:** Das Ringen ist ein körperlich anspruchsvoller Sport, der sowohl Kraft als auch Ausdauer erfordert. Alle wichtigen Muskelgruppen werden beim Ringen beansprucht, von den Armen und Schultern bis hin zu den Beinen und der Körpermitte. Ringer müssen über eine hervorragende kardiovaskuläre Ausdauer verfügen, um ihre Anstrengungen während eines Kampfes aufrechterhalten zu können. Dieses intensive Training hilft den Ringern dabei, ihre Muskeln aufzubauen, Fett zu verbrennen und ihre Fitness zu verbessern.

- **Mentale Zähigkeit und Disziplin:** Beim Ringen geht es nicht nur um Körperlichkeit. Es handelt sich darüber hinaus auch um eine mentale Herausforderung. Ringer müssen schnell denken, blitzschnelle Entscheidungen treffen und während des gesamten Kampfes konzentriert bleiben. Das erfordert mentale Stärke und Disziplin und wirkt sich positiv auf alle Aspekte des Lebens eines Ringers aus.

- **Teamwork und Sportsgeist:** Auch wenn Ringen Ihnen wie ein Einzelsport erscheinen mag, verlangt es von Ihnen doch ein hohes Maß an Teamarbeit und Sportsgeist. Ringer trainieren oft zusammen und unterstützen sich gegenseitig bei harten Trainingseinheiten und Wettkämpfen. Durch diesen Sport lernen Sie, Ihre Gegner zu respektieren und selbst im Eifer des Gefechts stets guten Sportsgeist zu zeigen.

- **Gemeinschaft und Zugehörigkeit:** Viele Ringkämpfer fühlen sich mit ihren Mannschaftskameraden verbunden und entwickeln lebenslange Freundschaften. Ringer können Clubs beitreten, an Veranstaltungen teilnehmen und sich an philanthropischen

Aktivitäten beteiligen, wodurch sie sich mit etwas verbunden fühlen, das größer ist als sie selbst. Daher hält die Ringergemeinschaft stets eng zusammen und viele Ringer fühlen sich in ihrer Sportgemeinschaft gut aufgehoben.

- **Persönliches Wachstum und Selbstvertrauen:** Das Ringen kann dem Einzelnen in vielerlei Hinsicht dabei helfen, zu wachsen und sich weiterzuentwickeln. Es lehrt Sie Widerstandsfähigkeit, Ausdauer und den Wert harter Arbeit. Es fördert die Selbsterkenntnis und das Selbstvertrauen, da ein Ringer sich Ziele setzt und tapfer darauf hinarbeitet, diese zu erreichen. Das Ringen kann für Sie eine transformative Erfahrung sein, die dem Einzelnen hilft, das Beste aus sich herauszubringen.

Die Vorteile des Ringens gehen weit über den körperlichen Aspekt des Sports hinaus. Es fördert außerdem die mentale Stärke, Disziplin und Sportsgeist und schafft gleichzeitig ein Gefühl von Gemeinschaft und Zugehörigkeit. Dadurch ist das Ringen eine hervorragende Option für Menschen, die an sich arbeiten, Selbstvertrauen aufbauen und ihr Bestes geben wollen. Ob Sie nun ein erfahrener Athlet sind oder gerade erst mit dem Training anfangen, das Ringen hat jedem etwas zu bieten.

Ringen im Vergleich zu anderen Kampfsportarten

Kampfsportarten gibt es schon seit Jahrhunderten und viele von ihnen werden von Menschen aller Altersgruppen mit Begeisterung betrieben. Als Kampfsportart, die auf dem sogenannten „Grappling" basiert, bietet Ringen Ihnen eine großartige Möglichkeit, um Ihre Kraft, Beweglichkeit und Koordinationsfähigkeiten zu verbessern und gleichzeitig wertvolle Fähigkeiten zur Selbstverteidigung zu erwerben. Zahlreiche andere Kampfsportarten, wie Judo, Karate, Taekwondo und Boxen, fördern diese Fähigkeiten ebenfalls. Zwar sind alle Kampfsportarten auf ihre Weise effektiv, aber jede hat einzigartige Eigenschaften, die sie von den anderen unterscheiden. Dieser Abschnitt vergleicht Ringen mit anderen Kampfsportarten und hebt die Unterschiede und Gemeinsamkeiten hervor, um Ihnen die Entscheidung zu erleichtern, überlegen zu müssen, welche am besten für Sie geeignet ist.

Das Ringen ist ein großartiger Kampfsport für Menschen, die sich gerne körperlich betätigen und hochintensiv trainieren wollen. Ringen beinhaltet eine Menge Grappling- und Clinchtechniken und gilt als eine der anspruchsvollsten Kontaktsportarten. Ringen konzentriert sich im Allgemeinen mehr auf sogenannte „Takedowns", Bodenkämpfe und Unterwerfungsbewegungen als andere Kampfsportarten wie beispielsweise Karate oder Kickboxen. Es eignet sich hervorragend, um Muskelkraft, Ausdauer, Beweglichkeit und Gleichgewicht zu entwickeln.

Während das Ringen ein Nahkampfsport ist, ist Judo eine etwas weniger körperlich anstrengende und defensivere Sportart. Beim Judo handelt es sich um eine Kampfsportart, bei der Würfe und Griffe eingesetzt werden, um die eigenen Gegner zu Fall zu bringen. Sie gilt als eine der besten Formen der Selbstverteidigung, insbesondere gegen größere oder stärkere Gegner. Daher ist Judo eine großartige Kampfsportart für Menschen mit einem anderen körperlichen Fitnessniveau als dem, das für das Ringen erforderlich ist.

Das Boxen, eine weitere berühmte Kampfsportart, ist ein Sport, bei dem Schlagtechniken wie Jabs, Haken und Uppercuts eingesetzt werden. Im Gegensatz zum Ringen und Judo konzentriert sich das Boxen vor allem auf Schläge, schnelle Beinarbeit und Ausweichbewegungen. Die Sportart ist sehr beliebt, weil sie das Herz-Kreislauf-System stärkt, beim Abnehmen hilft und die kognitiven Funktionen und das Gleichgewicht verbessert.

Taekwondo, eine koreanische Kampfsportart, ist eine Disziplin, bei dem schnelle, explosive Bewegungen und hohe Tritte im Vordergrund stehen. Beim Taekwondo dreht sich alles um dynamische Bewegungsabfolgen. Diese Kunstform hat sich in der Selbstverteidigung als außerordentlich effektiv erwiesen und wurde als Vollkontaktsportart mit in die Olympischen Spiele aufgenommen.

Ein Vergleich zwischen Ringen und anderen Kampfsportarten zeigt, dass jede der Sportarten einzigartige Stärken hat, die je nach den Interessen und körperlichen Fähigkeiten verschiedener Menschen mehr oder weniger attraktiv sind. Das Ringen ist möglicherweise die beste Wahl, um Ihre Kraft, Koordinations- und Grappling-Fähigkeiten zu verbessern. Judo könnte die beste Wahl für einen weniger strengen, defensiven Ansatz in der Kampfkunst sein. Boxen und Taekwondo sind Kickboxkünste, die sich an Personen richten, die sich mehr auf Schlagtechniken als auf das Grappling verlassen möchten. Die Wahl der richtigen Kampfsportart (für Sie selbst) sollte sich am besten nach Ihren Interessen, Zielen und körperlichen Fähigkeiten richten. Für welche Sportart Sie sich auch entscheiden, das regelmäßige Training und die harte Arbeit werden Ihnen zweifellos zu Selbstdisziplin, mentaler Stärke und körperlicher Leistungsfähigkeit verhelfen.

Ringen in das Kampfsporttraining integrieren

Kampfsportarten werden seit Jahrhunderten praktiziert und umfassen viele Kampftechniken, die die körperliche Stärke, die geistige Adaptabilität und das allgemeine Wohlbefinden verbessern können. Von Karate bis Jiu-Jitsu hat jeder Kampfkunststil seine eigenen Bewegungen, Philosophien und Strategien. Ringen ist eine beliebte Kampfsportart, die sich im Laufe der Jahre als äußerst effektive Form des Kampfes und der Selbstverteidigung bewährt hat. Dieser Sport hat seinen Ursprung in der Antike und erforderte intensive körperliche Anstrengung, Disziplin und Übung. In diesem Abschnitt erfahren Sie, welche Vorteile die Integration von Ringen in Ihr Kampfsporttraining hat und wie der Sport Ihre Trainingserfolge verbessern kann.

Verbesserte körperliche Fitness

Beim Ringen handelt es sich um einen anspruchsvollen Sport, der Kraft, Schnelligkeit, Beweglichkeit und Ausdauer erfordert. Wenn Sie Ringen mit in Ihr Kampfsporttraining einbeziehen, fordern Sie Ihren Körper auf neue und anspruchsvolle Weise heraus und verbessern so Ihre körperliche Fitness erheblich. Das Ringen stärkt die Körpermitte, verbessert das Gleichgewicht und die Koordination, entwickelt die explosive Kraft und erhöht die kardiovaskuläre Ausdauer. Diese körperlichen Eigenschaften sind entscheidend, um im Kampfsport zu glänzen und kommen der allgemeinen Gesundheit und dem Wohlbefinden zugute.

Ein Hauptgrund dafür, dass Menschen Kampfsport betreiben, ist deren Bestreben, Selbstverteidigungstechniken zu lernen, um sich in gefährlichen Situationen vor Schaden schützen zu können. Das Ringen ist eine Technik, die Ihre Selbstverteidigungsfähigkeiten verbessert und Ihnen mehr Selbstvertrauen in Ihre Fähigkeit, sich selbst zu verteidigen gibt. Beim Ringen lernen Sie, Ihren Gegner zu Boden zu bringen, seine Bewegungen zu kontrollieren und Ihr Körpergewicht zu nutzen, um im Kampf die Oberhand zu gewinnen. Diese Fähigkeiten können auch in realen Selbstverteidigungssituationen eingesetzt werden, was Ringen zu einer praktischen Kampfsportart macht, die Sie meistern lernen sollten.

Mentale Widerstandsfähigkeit

Neben der körperlichen Fitness werden beim Ringen auch die mentale Stärke, Disziplin und Konzentration entwickelt und gefördert. Die intensiven körperlichen Anforderungen des Ringens erfordern von Ihnen ein hohes Maß an geistiger Stärke, Konzentration und die nötige Disziplin, um immer wieder über Ihre Grenzen hinauszugehen. Diese mentalen Eigenschaften sind entscheidend, um Ihren Erfolg im Kampfsport zu gewährleisten. Beim Ringen lernen Sie, mentale Barrieren zu überwinden, eine willensstarke Denkweise zu entwickeln und unter Druck ruhig und konzentriert zu bleiben.

Abwechslung in Ihrem Trainingsprogramm

Wenn Sie Ringen mit in Ihr Kampfsporttraining aufnehmen, können Sie Ihr Training abwechslungsreich und spannend gestalten. Ringen bietet Ihnen eine andere Form des Trainings als viele andere Kampfsportarten, wie z. B. die auf Schlägen basierenden Kampfsportarten wie Karate oder Taekwondo. Wenn Sie das Ringen in Ihr Training miteinbeziehen, werden Ihr Geist und Ihr Körper auf neue und aufregende Weise herausgefordert und Sie erhalten umfassendere Kampfsporterfahrung.

Chancen im Wettkampf

Zu guter Letzt ist das Ringen eine exzellente Wahl, wenn Sie Spaß am Wettkampfsport haben und Ihr Kampfsporttraining auf ein höheres Niveau bringen möchten. Beim Ringen haben Sie schließlich die Möglichkeit, sich im Zweikampf zu messen. Ringer haben zahlreiche Gelegenheiten, um ihr Können zu zeigen und sich mit anderen erfahrenen Kämpfern zu messen, von lokalen bis hin zu nationalen Meisterschaften. Wenn Sie das Ringen in Ihr Kampfsporttraining miteinbeziehen, kann Ihnen dies Türen zu neuen Erfahrungen und Möglichkeiten öffnen, zu dehnen Sie sonst vielleicht keinen Zugang gehabt hätten.

Die Tatsache, dass Kampfsport eine fantastische Möglichkeit ist, körperlich fit, geistig scharf und diszipliniert zu bleiben, ist unbestreitbar. Wenn Sie Ringen in Ihr Kampfsporttraining einbeziehen, werden diese Vorteile noch erheblich verstärkt. Sie verbessern dadurch Ihre körperliche Fitness und Ihre Selbstverteidigungsfähigkeiten, entwickeln mentale Stärke, bringen Abwechslung in Ihr Training mit ein und öffnen Ihnen die Tür zu Wettkämpfen. Ganz gleich, ob Sie ein erfahrener Kampfsportler oder ein Anfänger sind, sollten Sie überlegen, Ringen in

Ihr Kampfsporttraining aufzunehmen und Ihr Training auf die nächste Stufe zu bringen.

Wie wird das Ringen praktiziert?

Das Ringen ist eine uralte Sportart, die im Laufe der Jahre an Popularität gewonnen hat. Es handelt sich um einen intensiven und körperlich anspruchsvollen Sport, der von Ihnen Geschicklichkeit, Beweglichkeit und Kraft erfordert. Aber haben Sie sich jemals gefragt, wie Ringer trainieren, um dieses Maß an Wettbewerbsfähigkeit und Zähigkeit zu erreichen? Beim rigorosen Ringtraining werden verschiedene Techniken, Strategien und körperliche Konditionierung miteinander verbunden.

Schulungsorte

Das Ringtraining findet in der Regel in einem Raum oder auf einer Matte statt, die speziell für den Ringsport entwickelt wurde. Die Sportart erfordert den Einsatz einer speziellen Matte aus hochdichtem Schaumstoff und Vinylgewebe. Diese Matten werden verwendet, um sicherzustellen, dass sich die Ringer während des Trainings nicht verletzen. Sie helfen dabei, Stöße zu absorbieren und das Risiko von Verletzungen zu verringern. Während des Trainings absolvieren die Ringer Kraft- und Konditionsübungen in der Sporthalle. Dazu gehören unter anderem Gewichtheben, Konditionsübungen und kardiovaskuläre Übungen zur Steigerung von Ausdauer, Beweglichkeit und Kraft.

Intensität

Das Ringen ist ein intensiver und körperlich anstrengender Sport. Die meisten Teams trainieren regelmäßig, oft mehrere Stunden am Tag. Die Intensität des Trainings nimmt zu, je wettbewerbsfähiger die Ringer werden, und das Training beinhaltet oft hochintensive Workouts, die die Kämpfer an ihre Grenzen bringen. Um im Ringen erfolgreich zu sein, braucht man Hingabe, Ausdauer und die Bereitschaft, über seine Grenzen hinauszugehen.

Techniken und Strategien

Ringen ist ein strategischer Sport, der eine Kombination aus körperlichen und geistigen Fähigkeiten erfordert. Während des Trainings lernen die Sportler verschiedene Techniken, mit denen sie ihre Gegner unter Kontrolle bringen können. Zu diesen Techniken gehören Takedowns, Ausweichbewegungen, Pinn-Kombinationen und das Ringen vom Stand auf den Boden. Ringer sollten ihre Gegner eindringlich analysieren, ihre Stärken und Schwächen verstehen und Strategien entwickeln, um die Oberhand zu gewinnen. Um an der Spitze zu bleiben, müssen erfolgreiche Ringer ständig an der Perfektionierung ihrer Technik arbeiten.

Sicherheit

Die Sicherheit ist in jeder Sportart von größter Bedeutung, und das Ringen ist da keine Ausnahme. Während des Ringertrainings ergreifen Trainer und Athleten alle Maßnahmen, um Verletzungen zu vermeiden. Dazu gehören angemessene Aufwärmroutinen, Dehnübungen und Übungen zur Verletzungsvorbeugung. Während des Trainings überwachen die Trainer die Athleten genau, um sicherzustellen, dass sie die richtigen Techniken anwenden, um Verletzungen zu vermeiden. Viele Teams verlangen, dass sie Athleten Schutzausrüstungen tragen, einschließlich von Kopfschutz, Mundschutz und Knieschonern.

Ringer unterziehen sich einem rigorosen Training, das verschiedene Techniken, Strategien und körperliche Konditionierungsübungen umfasst - alles mit dem Ziel, die Athleten muskulöser und beweglicher zu machen. Die Intensität des Trainings kann hoch sein, aber Trainer und Athleten legen Wert auf die nötigen Sicherheitsmaßnahmen, um Verletzungen zu vermeiden. Alles in allem ist das Ringtraining ein gut organisiertes, strukturiertes System, das sicherstellt, dass die Kämpfer ihr optimales Trainingsniveau erreichen und bereit für den Wettkampf sind, was es zu einem hervorragenden Test der körperlichen und geistigen Stärke macht.

Ringstile

Auch wenn Ringen auf den ersten Blick wie ein einfacher Sport aussehen mag, haben die verschiedenen Stile entsprechend einzigartige Regeln und Techniken. In diesem Abschnitt werden die verschiedenen Ringstile, ihre Ursprünge und ihre Besonderheiten genauer erläutert.

Freistil-Ringen

Das Freestyle-Ringen ist die weltweit am meisten verbreitete Form des Ringens und wird regelmäßig bei den Olympischen Spielen ausgetragen. Dieser Ringstil stammt aus Großbritannien und betont schnelle und wendige Bewegungen statt roher Gewalt. Die Ringer können die Beine ihres Gegners festhalten und fangen und ihre Arme einsetzen, um Takedowns wie beim griechisch-römischen Ringstil einzusetzen. Der Sieger wird durch die meisten Punkte ermittelt, die durch Takedowns, Umdrehungen und Befreiungserfolge erzielt werden.

Griechisch-römisches Ringen

Das griechisch-römische Ringen ist eine weitere Art des Ringens, die auf die Zivilisationen der Antike zurückgeht. Dieser Ringstil wurde nach seinen Ursprüngen in Rom benannt und erlaubt keine Angriffe unterhalb des Gürtels, keine Beingriffe und keinen Einsatz der Beine des Gegners. Stattdessen liegt der Schwerpunkt auf der Kraft des Oberkörpers und Wurfbewegungen, die durch die Arme und Schultern durchgeführt werden. Obwohl Takedowns erlaubt sind, sollten diese im Stehen durchgeführt werden. Griffstärke, explosive Kraft und die richtigen Hebeltechniken sind beim griechisch-römischen Ringen unerlässlich.

Folkstyle-Ringen

Das Folkstyle oder College-Ringen, ist der Stil, den die meisten Amerikaner kennen. Diese Form des Ringens ist an High Schools und Colleges in den Vereinigten Staaten und Kanada beliebt und legt den Schwerpunkt auf Takedowns und Pinnen. Beim Ringen im Folkstyle sind Takedowns zwei Punkte wert, während ein Pin fünf Punkte wert ist. Ein Ringer gewinnt, wenn er die Schultern seines Gegners auf die Matte drückt oder die meisten Punkte im Kampf erzielt.

Sumo-Ringen

Das Sumo-Ringen stammt aus Japan und kombiniert Elemente des Ringens und des japanischen Shinto-Glaubens. Sumo-Kämpfe werden in einem kreisförmigen Ring ausgetragen, wobei das Ziel des Ringers darin besteht, seinen Gegner aus dem Ring zu stoßen oder ihn mit irgendeinem Körperteil außer den Füßen den Boden berühren zu lassen. Um effektiv zu kämpfen, müssen Sumo-Ringer eine strenge Diät einhalten und trainieren, um das erforderliche Gewicht und die erforderliche Größe zu erreichen.

Strand-Ringen

Das Strand-Ringen, auch bekannt als Sand-Ringen, ist im Vergleich zu den anderen Stilen relativ neu. Dieser Stil findet normalerweise auf einer Sandfläche statt und erfordert ein hohes Maß an explosiver Kraft und Beweglichkeit. Beim Strand-Ringen sparen sich die Ringer die Zeit, in den Clinch zu gehen und zu versuchen, die Kontrolle zu erlangen. Stattdessen versuchen sie sofort, die Beine des Gegners zu greifen oder einen Wurf durchzuführen. Der Kampf endet, wenn der Ringer die Schultern des Gegners auf den Boden drückt.

Freistil-Ringen, griechisch-römisches Ringen, College-Ringen, Sumo-Ringen und Strand-Ringen haben jeweils eigene Regeln, Techniken und

Traditionen. Darüber hinaus erfordert jeder Stil unterschiedliche Fähigkeiten, was die verschiedenen Ansätze einzigartig und spannend macht.

Ringen als Sport für Kinder

Ringen ist ein hart umkämpfter und anspruchsvoller Sport, der immense Energie, Ausdauer und ein hohes Durchhaltevermögen erfordert. Darüber hinaus wirkt sich der Sport positiv auf die körperliche und geistige Gesundheit aus, insbesondere bei Kindern. In diesem Abschnitt erfahren Sie mehr über die Vorteile des Ringens für Kinder und darüber, wie Sie das richtige Trainingsumfeld finden.

Vorteile für Kinder

- **Körperliche Entwicklung:** Ringen ist eine intensive körperliche Aktivität, die das Herz-Kreislauf-System, die muskuläre Ausdauer und die Muskelkraft fördert. Es hilft Kindern dabei, schlanke Muskeln aufzubauen, die Knochendichte zu verbessern und die Flexibilität zu fördern. Darüber hinaus fördert das Ringen die kardiovaskuläre Gesundheit der Kinder, was zu einem gesunden Gewicht und einem aktiven Lebensstil beiträgt.
- **Disziplin und Charakterbildung:** Das Ringen dient mehr als nur der körperlichen Betätigung. Es lehrt Kinder Konzentration, Disziplin und Durchhaltevermögen. Beim Ringen lernen Kinder, wie sie sich Ziele zu setzen und hart für diese arbeiten können. Es lehrt sie wichtige Fähigkeiten für das Leben, wie etwa Widerstandsfähigkeit, Mut und Teamwork.
- **Psychische Gesundheit:** Das Ringen wirkt sich positiv auf die geistige Gesundheit aus, insbesondere bei Kindern. Es stärkt das Selbstvertrauen, das Selbstwertgefühl und das Selbstbewusstsein. Kinder, die am Ringen teilnehmen, haben mehr Kontrolle über ihren Körper und ein besseres Selbstbild.

Das richtige Umfeld finden

- **Altersgerecht:** Es ist wichtig, dass Sie ein altersgerechtes Ringprogramm für Ihre Kinder finden. Kleine Kinder sollten mit grundlegenden Ringtechniken beginnen, während ältere Kinder komplexere Bewegungen erlernen können. Das Programm sollte auf die körperlichen Fähigkeiten und den Erfahrungsstand der Kinder abgestimmt sein.

- **Sicherer Raum:** Das Ringen erfordert engen Kontakt mit anderen Ringern, was das Verletzungsrisiko erhöhen kann. Daher ist es wichtig, dass Sie ein Ringprogramm wählen, das sich auf Sicherheit konzentriert und Schutzausrüstung anbietet. Außerdem sollte ein gutes Ringprogramm über erfahrene Trainer verfügen, die wissen, wie man Ringen sicher unterrichtet.
- **Kulturelles Umfeld:** Das Umfeld, in dem Ihre Kinder lernen und an dem Sport teilnehmen, ist von entscheidender Bedeutung. Es ist wichtig, dass das Programm eine positive und unterstützende Kultur fördert, die Ihrem Kind Werte wie Disziplin, Sportlichkeit, Teamwork und Respekt vermittelt.

Das Ringen ist ein ausgezeichneter Sport für Kinder, da er ihnen viele körperliche und geistige Vorteile bietet. Es lehrt die Athleten Fähigkeiten wie Disziplin, Ausdauer und Konzentration, die im Leben wichtig sind. Wenn Sie ein Ringprogramm für Ihre Kinder auswählen, suchen Sie eines, das altersgerecht und sicher ist und ein positives kulturelles Umfeld fördert. Es ist wichtig, zukünftige Kämpfer zu fördern und Kindern die Möglichkeit zu geben, die Vorteile des Sports zu erleben.

Kinder sind nicht die Einzigen, die vom Ringen profitieren können. Auch Erwachsene können ihre körperliche und geistige Gesundheit mithilfe des Sports verbessern. Beim Ringen lernen Sie, stark und doch bescheiden zu sein, sich zu konzentrieren und Diszipliniert zu bleiben. Es bietet Ihnen eine großartige Möglichkeit, Dampf abzulassen, an Kraft zu gewinnen und das Gleichgewicht zu trainieren. Wie bei jeder anderen Sportart auch ist es beim Ringen am besten, wenn Sie in einer sicheren Umgebung mit sachkundigen Trainern und Lehrern trainieren. Lassen Sie sich nicht durch Schüchternheit vom Ringen abbringen und bemühen Sie sich darum, den Sport auszuprobieren. Es gibt viele verschiedene Niveaus und Stile, so dass für jeden etwas dabei ist, egal ob Sie ein Anfänger sind oder schon seit Jahren trainieren. Also, schnappen Sie sich Ihre Ausrüstung und kämpfen Sie mit.

Kapitel 2: Grundregeln und Fähigkeiten

Das Erlernen der grundlegenden Regeln und Fähigkeiten ist entscheidend für den Erfolg beim Ringen. Ob Sie nun ein Anfänger oder ein erfahrener Ringer sind, wenn Sie die Grundlagen des Sports verstehen, haben Sie einen entscheidenden Wettbewerbsvorteil. Von grundlegenden Bewegungen wie Takedowns und Pins bis hin zum Verständnis des Punktesystems und der Regeln für illegale Aktivitäten - ein solides Fundament an Basiswissen wird Ihnen helfen, Ihre Gegner zu übertreffen. Außerdem können Sie durch das Erlernen der Grundlagen Ihre Technik verbessern und Verletzungen auf der Matte vermeiden.

In diesem Kapitel werden die grundlegenden Regeln und Fähigkeiten des Ringens besprochen, damit Sie bei diesem aufregenden Sport einen guten Start haben. Es behandelt die grundlegenden Gesetze des Ringens, sowie entscheidende Fähigkeiten und Techniken, die Sie beherrschen sollten. Mit diesem Wissen sind Sie schnell auf dem besten Weg, um ein erfahrener und erfolgreicher Ringer zu werden. In den folgenden Kapiteln werden Ihnen spezifische Fähigkeiten und Strategien näher erläutert. Aber lassen Sie uns erst einmal die Grundlagen intensiver betrachten.

Grundlegende Regeln des Ringens

Im Grunde genommen geht es beim Ringen um den Kampf zwischen zwei Athleten, der durch Regeln geregelt wird, die die Fairness und die Sicherheit der Teilnehmer gewährleisten. Dieser Abschnitt befasst sich mit den grundlegenden Gesetzen des Ringens, einschließlich des Kampfaufbaus, des Punktesystems und der Disqualifikationen und Strafen. So erhalten Sie ein solides Verständnis dafür, wie Ringen funktioniert und was dazu nötig ist, um in diesem spannenden Sport erfolgreich zu sein.

Kampfvorbereitung

Die Ringer wiegen sich vor dem Kampf, um die Klasse zu bestimmen, in der sie antreten werden.'

Bevor ein Ringkampf beginnt, müssen ein paar Dinge geschehen. Zunächst müssen sich die Ringer wiegen, um festzustellen, in welcher Gewichtsklasse sie antreten werden. Sobald sie sich gewogen haben, werden die Athleten auf die Matte gerufen und dem Publikum vorgestellt. Jeder Ringer nimmt seine Position auf der Matte ein, wobei ein Kämpfer in der blauen Ecke und der andere in der roten Ecke steht. Dann gibt der Schiedsrichter das Signal zum Beginn des Kampfes und die Ringer kämpfen mit Takedowns, Umdrehungen und Befreiungsversuchen, um Punkte zu erzielen und den Kampf zu gewinnen.

Punktesystem

Das Punktesystem im Ringen ist relativ einfach. Punkte werden für verschiedene Manöver vergeben, wie z. B. Takedowns, Befreiungserfolge, Umdrehungen und Pins. Ein Takedown liegt dann vor, wenn ein Ringer seinen Gegner zu Boden bringt und die Kontrolle über ihn behält. Ein

Befreiungserfolg liegt vor, wenn ein Ringer unter seinem Gegner durchkriecht und sich aus dessen Griff befreit. Eine Umdrehung liegt vor, wenn es einem Ringer am Boden gelingt, seinen Gegner umzudrehen und die Kontrolle über ihn zu erlangen. Ein Pin entsteht schließlich, wenn ein Ringer die Schultern seines Gegners für eine bestimmte Zeit (in der Regel zwei Sekunden lang) auf der Matte hält, um sich den Sieg zu sichern. Punkte werden auch für Strafen und Disqualifikationsversuche vergeben.

Disqualifikationsversuche und Strafen

Das Ringen ist ein Wettkampfsport, und manchmal können sich die Gemüter während des Kampfes erhitzen. Aus diesem Grund gibt es mehrere Regeln für Disqualifikationen und Strafen, um die Sicherheit der Teilnehmer und die Integrität des Sports zu gewährleisten. Zum Beispiel dürfen Ringer ihren Gegner nicht mit irgendeinem Körperteil schlagen oder beißen und auch nicht an dessen Haaren ziehen. Wenn ein Ringer gegen diese Regeln verstößt, kann er je nach Schwere des Vergehens mit einer Verwarnung, einem Punktabzug oder einer Disqualifikation bestraft werden. Diese Regeln dienen dem Schutz der Ringer und des Sports.

Gewichtsklassen und Divisionen

Eine der grundlegendsten Regeln des Ringens sind die Gewichtsklassen und Divisionen. Für jeden Wettkampf gibt es eine Gewichtsklasse, und die Ringer müssen sich vor jedem Kampf wiegen. Die Gewichtsklassen sorgen für einen fairen Wettbewerb zwischen Athleten mit ähnlicher Größe, ähnlichem Gewicht und ähnlicher Stärke. Wenn ein Ringer für seine Gewichtsklasse übergewichtig ist, kann er bestraft, disqualifiziert oder in die nächste Gewichtsklasse versetzt werden.

Außerhalb der Grenzen

Eine weitere wichtige Regel beim Ringen ist das Vermeiden eines Kampfes „out-of-bounds" oder außerhalb der Grenzen. Die Matte ist beim Ringen die Kampffläche, wird auch „Ring" genannt, und ist in der Regel durch einen äußeren Kreis markiert. Wenn ein Ringer die Matte verlässt, erhält er eine Strafe oder verliert den Kampf. Daher ist es wichtig, dass Sie den Mattenrand im Auge behalten und dafür zu sorgen, dass Ihr Körper die Linie während des Kampfes nicht überschreitet. Außerdem muss ein Ringer ständig den Kontakt mit dem Untergrund aufrechterhalten und darf seinen Gegner nicht absichtlich aus den Grenzen schieben.

Zeitliche Begrenzung

Die meisten Ringkämpfe haben ein Zeitlimit, und es ist wichtig zu verstehen, wie dieses funktioniert. In der Regel bestehen die Kämpfe auf High School- und College-Ebene aus drei Zeitabschnitten, die jeweils zwei Minuten dauern. Wenn der Kampf unentschieden endet, gehen die Athleten in die Verlängerung und haben eine Minute Zeit, um zu gewinnen. In der Verlängerung gewinnt der erste Kämpfer, der einen Punkt erzielt.

Bewertung

Die letzte wesentliche Regel des Ringens ist die Punktevergabe. Nach dem Ende einer jeden Kampfperiode gewinnt der Ringer mit den meisten Punkten die Runde. Wenn am Ende der letzten Runde ein Gleichstand besteht, geht es in die Verlängerung. Punkte werden für verschiedene Aktionen innerhalb des Rings vergeben: 1 Punkt für ein Entkommen, 2 Punkte für einen Takedown und 3 Punkte für eine Kombination aus sogenannter „Riding Time" und einem Beinahe-Fall, bei dem ein Ringer seinen Gegner fast erfolgreich festhält.

Die Grundregeln des Ringens gewährleisten einen fairen und sicheren Wettbewerb für alle Teilnehmer. Um ein erfolgreicher Kämpfer zu werden, ist die Beherrschung dieser Regeln unerlässlich. Gewichtsklassen, Ausscheidungskämpfe, Zeitlimits und Punktevergabe sind für das strategische Ringen von entscheidender Bedeutung. Wenn Sie den Kampfaufbau, das Punktesystem sowie Disqualifikationen und Strafen verstehen, werden Sie Ihre Gegner auf der Matte besser in den Griff bekommen und mehr Kämpfe gewinnen.

Grundlegende Fertigkeiten des Ringkämpfers

Das Ringen erfordert eine einzigartige Kombination aus Kraft, Beweglichkeit und Gleichgewicht. Um erfolgreich zu sein, müssen Sie grundlegende Fähigkeiten entwickeln, um Ihren Gegner zu besiegen. In diesem Abschnitt geht es um grundlegende Fähigkeiten, die jeder Ringer beherrschen sollte, um seine Leistung auf ein höheres Niveau zu bringen.

Balance

Eine der wichtigsten Fähigkeiten beim Ringen ist das Gleichgewicht. Ein guter Gleichgewichtssinn beim Ringen ermöglicht es Ihnen, Ihre Position zu verteidigen und Ihren Gegner davon abzuhalten, die Kontrolle zu übernehmen. Gute Balance beginnt mit der richtigen Körperausrichtung und Fußarbeit. Um Ihr Gleichgewicht zu verbessern, sollten Sie regelmäßig an Ihrer Haltung und Körperposition arbeiten. Dazu gehört auch das Üben grundlegender Bewegungen wie Takedowns mit einem und zwei Beinen und das Ausprobieren von Variationen dieser Bewegungen, um Ihr Gleichgewicht noch mehr zu verbessern.

Stärke

Das Ringen erfordert eine Menge Kraft. Sie müssen Kraft auf Ihren Gegner ausüben und Ihre Position effektiv halten. Das Krafttraining ist ein wesentlicher Bestandteil des Trainingsprogramms eines Ringers. Es umfasst Hanteltraining und anderes Widerstandstraining zum Aufbau der allgemeinen Körperkraft. Konzentrieren Sie sich auf Übungen wie Kniebeugen, Kreuzheben und Bankdrücken, um Ihre funktionelle Kraft zu entwickeln. Die Arbeit an der Griffstärke ist wichtig, damit Sie Ihren Gegner kontrollieren und Ihre Bewegungen effektiver durchführen können.

Gewandtheit

Beweglichkeit ist die Fähigkeit, sich schnell zu bewegen, und auf die Bewegungen Ihres Gegners zu reagieren, eine weitere entscheidende Fähigkeit im Ringen. Konzentrieren Sie sich auf Übungen zur Verbesserung Ihrer Schnelligkeit und Reaktionszeit, um Ihre Beweglichkeit zu fördern. Beweglichkeitsübungen und Mittelkörperübungen können Ihre Beinarbeit und Reaktionszeit verbessern. Pliometrische Übungen, wie Boxsprünge und seitliche Sprünge, können Ihnen dabei helfen, explosive Kraft und Geschwindigkeit zu entwickeln.

Widerstandsfähigkeit

Mentale Stärke ist zwar keine körperliche Fähigkeit, aber nichtsdestotrotz eine wichtige Eigenschaft, die jeder Ringer kultivieren muss. Ringkämpfe sind geistig und emotional anstrengende Ereignisse, die Ihre Grenzen testen. Die Entwicklung mentaler Stärke hilft Ihnen, die Schwierigkeiten eines Kampfes zu überwinden und sich beim Training zu motivieren. Um mentale Stärke zu entwickeln, müssen Sie sich auf Ihre Ziele konzentrieren und Ihren Erfolg vorstellen. Denken Sie immer daran, dass Ringen Disziplin, Ausdauer und mentale Stärke erfordert.

Ausdauer

Beim Ringen handelt es sich um einen intensiven Sport, der eine große körperliche Ausdauer erfordert. Daher brauchen Ringer ein konsequentes Herz-Kreislauf-Training, welches sich beispielsweise durch Laufen, Radfahren oder Schwimmen realisieren lässt. Das Ausdauertraining verbessert Ihre Fähigkeit, ein Maß an körperlicher Aktivität aufrechtzuerhalten und bei Ringkämpfen länger durchzuhalten. Darüber hinaus sollten Sie sich auf die Entwicklung von Kraft und Flexibilität konzentrieren, um die richtige Haltung und harmonische Bewegungen beim Ringen aufrechtzuerhalten. Der Aufbau von Ausdauer erfordert Zeit und Disziplin, ist aber eine wichtige Fähigkeit, die den Unterschied zwischen Sieg und Niederlage ausmachen kann.

Mentale Stärke

Beim Ringen stehen die Athleten unter großem Druck, und es ist leicht, von Stress und Angst überwältigt zu werden. Die nötige mentale Stärke hilft Ihnen dabei, während der Kämpfe ruhig und konzentriert zu bleiben, Höchstleistungen zu erbringen und bessere Entscheidungen zu treffen. Sie können Ihre mentale Stärke verbessern, indem Sie sich realistische Ziele setzen, an Ihren Visualisierungsfähigkeiten arbeiten und positive Selbstgespräche führen. Lernen Sie, Ihre Emotionen zu kontrollieren, besonders dann, wenn es im Kampf schwierig wird. Ein Ringer, der seine mentale Stärke verfeinert hat, ist besser darauf vorbereitet, Herausforderungen zu meistern, die auf ihn zukommen.

Grundkenntnisse in Strategie und Taktik

Ringkämpfe erfordern strategische Planung und das souveräne Absolvieren verschiedener Bewegungen. Die Kenntnis der grundlegenden Taktiken und Strategien des Ringens ist unerlässlich, um in diesem Sport erfolgreich zu sein. Zu den wichtigsten Strategien gehören die Fähigkeit, die Mattenmitte zu kontrollieren, das Gleichgewicht zu halten und aggressiv zu bleiben. Die Kenntnis verschiedener Techniken, wie beispielsweise Takedowns, Ausbrüche und Pins, die Ihnen im Kampf einen Vorteil verschaffen, ist entscheidend. Ein guter Ringer muss wissen, wie er die Bewegungen seines Gegners antizipieren und gleichzeitig vorhersehbare Muster vermeiden kann. Arbeiten Sie mit Ihrem Trainer zusammen, um ein solides Verständnis der verschiedenen Strategien und Taktiken zu entwickeln.

Selbstvertrauen

Das Ringen ist ein Zweikampfsport, bei dem Sie auf Ihre Fähigkeiten und Fertigkeiten vertrauen müssen. Selbstvertrauen ist entscheidend, um Kämpfe zu gewinnen. Sie müssen von Ihren körperlichen Fähigkeiten, Ihrer mentalen Stärke und Ihrem Wissen über den Sport überzeugt sein; das kommt mit Übung und Erfahrung. Konzentrieren Sie sich auf Ihre Stärken, um Ihr Selbstvertrauen aufzubauen, analysieren Sie Ihre

Schwächen und setzen Sie sich erreichbare Ziele, um beides zu verbessern. Am besten ist es, wenn Sie sich mit positiven und unterstützenden Menschen umgeben, die an Sie glauben. Selbstvertrauen hilft Ihnen dabei, Widrigkeiten zu überwinden, was zu mehr Erfolg auf der Matte führt.

Ringen ist ein anspruchsvoller, aber lohnender Sport, und die Beherrschung der in diesem Abschnitt besprochenen grundlegenden Fähigkeiten wird Ihnen dabei helfen, ein erfolgreicher Ringkämpfer zu werden. Ausdauer, mentale Stärke, Strategie und Taktik sowie Selbstvertrauen sind entscheidende Aspekte des Ringens, die Ihre Leistung verbessern und Sie zum Sieg führen können. Denken Sie daran, dass Ringen ein Sport ist, der Hingabe, harte Arbeit und Disziplin erfordert, aber die Belohnungen sind ebenso zahlreich. Arbeiten Sie also weiter an Ihren Fähigkeiten, bleiben Sie konzentriert und verbessern Sie sich ständig.

Tipps für Anfänger

Das Ringen ist ein körperlich anspruchsvoller Sport, bei dem es um Ausdauer, Kraft, Beweglichkeit und Technik geht. Es ist ein Sport, der die körperlichen Fähigkeiten und die geistige Widerstandsfähigkeit herausfordert. Wenn Sie gerade erst mit dem Ringen anfangen, gilt es einige Dinge zu beachten.

- **Trainieren Sie Ihr Herz-Kreislauf-System:** Die kardiovaskuläre Ausdauer ist beim Ringen unerlässlich, da der Sport eine hohe Intensität über einen längeren Zeitraum erfordert. Sie müssen Ihr Herz und Ihre Lungen trainieren, um Ihre Muskeln effizient mit Sauerstoff zu versorgen. Zu den guten Möglichkeiten zur Verbesserung des Herz-Kreislauf-Systems gehören Laufen, Radfahren, Schwimmen und Seilspringen. Integrieren Sie das Ausdauertraining in Ihr Trainingsprogramm, dann halten Sie in den Kämpfen länger durch.

- **Richtige Ernährung:** Die richtige Ernährung ist bei jeder Sportart entscheidend, und das Ringen ist da keine Ausnahme. Als Ringkämpfer müssen Sie eine ausgewogene Ernährung mit Proteinen, Kohlenhydraten und gesunden Fetten zu sich nehmen. Essen Sie außerdem viel Obst und Gemüse. Vermeiden Sie zuckerhaltige und verarbeitete Lebensmittel, da diese Ihre Energielevel beeinträchtigen und Ihre Leistung mindern können.

- **Beherrschen Sie die Grundlagen:** Das Ringen erfordert ein starkes Fundament, das auf den Grundlagen basiert. Am besten lernen Sie die grundlegenden Stellungen, Schläge und Takedowns. Verbringen Sie viel Zeit damit, diese grundlegenden Bewegungen zu üben, damit diese sich mit der Zeit zunehmend natürlicher anfühlen. Sobald Sie die Grundlagen fest im Griff haben, können Sie zu fortgeschritteneren Techniken übergehen.

- **Trainieren Sie mit Partnern unterschiedlicher Leistungsniveaus:** Das Training mit Partnern unterschiedlichen Niveaus bietet Ihnen eine große Herausforderung. Wenn Sie zum Beispiel mit jemandem ringen, der besser ist als Sie, können Sie Ihre Techniken verbessern, während Sie, wenn Sie mit jemandem ringen, der weniger gut ist, Ihre Bewegungen verfeinern können. Sie können von jedem Gegner etwas lernen. Fordern Sie sich also ruhig heraus und trainieren Sie mit verschiedenen Partnern.

- **Bleiben Sie motiviert:** Ringen kann körperlich und geistig anstrengend sein, daher ist es wichtig, stets motiviert zu bleiben. Setzen Sie sich realistische Ziele und verfolgen Sie Ihre Fortschritte. Umgeben Sie sich mit positiven, gleichgesinnten Menschen, die Sie unterstützen und motivieren werden. Seien Sie mutig und lassen Sie sich von Spitzenringern inspirieren, und denken Sie immer daran, warum Sie überhaupt mit dem Ringen angefangen haben.

Grundlegende Techniken im Ringen

Ob Sie nun ein gelegentlicher Beobachter oder ein ernsthafter Athlet sind, das Ringen ist ein unterhaltsamer, anspruchsvoller und lohnender Sport. Von der Highschool-Matte bis zur olympischen Bühne erfordert das Ringen eine perfekte Mischung aus Kraft, Geschwindigkeit und Technik. Eines der wichtigsten Dinge, an die Sie denken sollten, wenn Sie mit dem Ringen beginnen, ist die Notwendigkeit, die Grundlagen zu beherrschen. Sie brauchen keine ausgefallenen Bewegungen oder komplizierte Beinhebel. Konzentrieren Sie sich stattdessen auf einfache Techniken, die auf der Matte viel bewirken können. In diesem Abschnitt werden einige der grundlegendsten Bewegungsabläufe im Ringen erklärt.

Haltung und Bewegung

Bevor Sie eine Bewegung – mindestens *gut* - durchführen können, müssen Sie die Grundstellung beim Ringen beherrschen. Dabei handelt es sich um eine ausgewogene und athletische Position. Beginnen Sie mit den Füßen schulterbreit auseinander und beugen Sie die Knie leicht. Ihr Rücken muss gerade bleiben und Ihr Kopf sollte nach vorne ausgerichtet sein. Halten Sie Ihre Hände oben und lassen Sie die Ellbogen angewinkelt. In dieser Position können Sie sich schnell bewegen, ohne aus dem Gleichgewicht zu geraten. Halten Sie Ihre Füße immer in Bewegung, trippeln Sie von einer Seite zur anderen, umkreisen Sie Ihren Gegner und wechseln Sie die Ebenen, um ihn im Ungewissen zu lassen.

Entfliehen

Befreiungsversuche sind der Schlüssel, um sich aus schwierigen Positionen zu befreien und zu vermeiden, dass Sie von Ihrem Gegner auf dem Boden festgehalten werden. Die einfachste Fluchtstrategie ist der sogenannte „Stand-up", bei dem Sie sich mit den Händen von der Matte abstoßen und auf die Füße rollen. Von dort aus können Sie sich aus dem Griff Ihres Gegners befreien, auf Ihre Füße zurückkehren und von vorne beginnen. Ein weiterer guter Ausweg ist der Hüftschwung, bei dem Sie Ihre Hüften einsetzen, um Platz zu schaffen, und sich aus einem Griff herauszudrehen. Aber auch hier sollten Sie darauf achten, dass Ihre Bewegungen schnell und dynamisch sind und dass Ihr Gegner es sich nicht zu bequem auf Ihnen macht.

Wendeversuche

Bei Wenden geht es darum, den Spieß umzudrehen, dem Gegner zu nehmen, was er hatte, und es sich zu eigen zu machen. Die einfachste Wende ist der sogenannte „Switch". Bei dieser Strategie sollten Sie sich in Ihren Gegner hineindrehen und ihn auf den Rücken rollen. Diese Bewegung kann sehr effektiv sein, wenn sie reibungslos und schnell durchgeführt wird. Eine weitere klassische Wendestrategie ist die Peterson-Rolle. Diese Bewegung erfordert mehr Finesse und Übung, kann aber vielseitig sein, wenn Sie sie beherrschen. Auch hier wäre es am besten, Ihren Gegner zu ködern, bevor Sie ihn auf den Rücken drehen oder seine Schultern entblößen.

Wenn Sie die Grundlagen des Ringens, die Haltung, die Ausweichbewegung und die Wenden lernen, werden Sie Ihre Fähigkeiten schnell entwickeln und zu einem selbstbewussteren Ringer werden. Denken Sie daran, Ihre Bewegungen schnell und flüssig zu halten und Ihr

Kinn hochzuhalten. Beim Ringen geht es darum, sich selbst herauszufordern, an seine Grenzen zu gehen und Spaß zu haben. Ob Sie nun ein Anfänger oder bereits ein erfahrener Ringer sind, die Grundlagen sind stets der Weg zum Erfolg.

Takedowns

Takedowns sind beim Ringen unerlässlich, denn sie bringen Punkte und verschaffen einem Ringer einen Vorteil. Das Ziel ist es, Ihren Gegner auf die Matte zu bringen, indem Sie ihn von den Füßen holen. Zu den verschiedenen Takedown-Ansätzen gehören das einbeinige, das beidbeinige und das Unterachselwurf (der „Fireman's Carry"). Die Beherrschung von ein oder zwei Takedown-Techniken durch Wiederholung und Übung ist entscheidend für den Erfolg. Die Methode erfordert, dass Sie die Bewegungen Ihres Gegners studieren und seine nächste Bewegung vorhersehen. Sobald Sie den Gegner auf der Matte haben, besteht der nächste Schritt darin, eine Pinning-Kombination zu initiieren.

Pinning-Kombinationen

Pinning-Kombinationen sind die Eckpfeiler des Ringens. Wenn Ihr Gegner auf der Matte liegt, ist es wichtig, die verschiedenen Techniken zu kennen, um Punkte zu erzielen. Zu den verschiedenen Pinning-Techniken gehören der Cradle oder Zangengriff auf Deutsch, der halbe Nelson und der Chicken Wing. Ein guter Ringer sollte ein umfassendes Repertoire an verschiedenen Pinning-Techniken haben, um seinen Gegner zu überraschen und wichtige Punkte zu erzielen. Je nach Situation können Pinning-Techniken nach einem Takedown oder aus dem Stand durchgeführt werden. Die Fähigkeit eines Ringers, den Gegner zu lesen und seine Schwächen zu erkennen, ist entscheidend für die erfolgreiche Durchführung dieser Techniken.

Praxis

Um die Grundlagen des Ringens zu beherrschen, müssen Sie konsequent und mit einer positiven Einstellung trainieren, damit Sie aus Ihren Fehlern lernen können. Die sich wiederholenden Übungen helfen Ihnen dabei, Ihre Bewegungen zu perfektionieren und ein Muskelgedächtnis aufzubauen, wodurch Sie Ihre technischen Fähigkeiten und Ihre Effizienz steigern. Das Beobachten und Lernen von anderen Ringern und Trainern ist eine hervorragende Möglichkeit, um sich diese Fähigkeiten anzueignen.

Konditionierung

Und schließlich ist die Konditionierung, einschließlich Kraft- und Ausdauertraining, unerlässlich, um die eigene Ausdauer aufzubauen und mit den körperlichen Anforderungen des Ringens Schritt zu halten. Daher sollte ein guter Ringer ein ausgewogenes Trainingsprogramm mit Kraft- und Ausdauertraining absolvieren, um athletische Fähigkeiten aufzubauen und Ermüdungserscheinungen zu vermeiden.

Das „Riding" und die Kontrolle der Beine

Das „Riding" auf den Beinen und die Beinkontrolle sind grundlegende Techniken im Ringen. Der erste Schritt besteht darin, die Kontrolle über das Bein des Gegners zu erlangen, indem Sie Ihr Bein um ihn wickeln oder Ihren Arm unter seinem Bein einhaken. Sobald Sie die Kontrolle haben, konzentrieren Sie sich darauf, Druck und Gleichgewicht zu halten. Lassen Sie Ihr Gewicht auf Ihrem Gegner, damit er nicht entkommen kann. Um die Beine effektiv festzuhalten, nutzen Sie die Kontrolle über Knöchel und Hüfte. Halten Sie den Knöchel Ihres Gegners fest an Ihren Körper gepresst und üben Sie mit Ihrer Hüfte Druck aus, um es Ihrem Gegner zu erschweren, zu entkommen oder seinen Körper zu manövrieren. Von hier aus können Sie zu verschiedenen Bewegungen übergehen, wie z. B. einem Tilt oder einer Drehung.

Beenden

Sobald Sie die Kontrolle über Ihren Gegner erlangt haben, ist es an der Zeit, ein sogenanntes „Finish" durchzuführen. Die häufigsten Finishes beim Ringen sind Pins, Takedowns und Drehungen. Jedes dieser Finishes erfordert unterschiedliche Techniken und Strategien. Um einen Pin durchzuführen, müssen die Schultern Ihres Gegners zwei Sekunden lang auf der Matte liegen. Die einfachste Möglichkeit, um dies zu erreichen, besteht darin, das Bein Ihres Gegners anzuheben und seinen Oberkörper auf die Matte zu fegen. Sobald Ihr Gegner auf dem Rücken liegt, halten Sie ihn mit Ihrem Körpergewicht fest und drücken Sie ihm die Schulter in die Brust.

Das Ziel von Takedowns ist es, Ihren Gegner auf die Matte zu bringen. Der Schlüssel dazu ist, dass Sie Ihren Schwung und Ihre Hebelwirkung nutzen, um Ihren Gegner zu überwältigen. Einer der häufigsten Takedowns ist der Takedown mit zwei Beinen. Dabei schießen Sie schnell auf die Beine Ihres Gegners zu, wickeln Ihre Arme um sie und heben sie vom Boden ab. Drehungen werden eingesetzt, um Punkte zu erzielen, indem Sie den Rücken Ihres Gegners auf die Matte bringen, in der Regel aus der oberen Position heraus. Setzen Sie Ihr Gewicht und Ihre Hüftkontrolle ein, um Ihren Gegner auf den Rücken zu drehen, und halten Sie ihn dann fest, um die Punkte zu sichern.

Ringen ist ein Sport, der körperliche Ausdauer, geistige Beweglichkeit und die Beherrschung grundlegender Ringkampftechniken erfordert. Takedowns und Pinning-Kombinationen sind grundlegende Fähigkeiten, die jeder Ringer beherrschen muss. Grundlegende Techniken helfen den Ringern, eine dominante Position gegenüber ihren Gegnern aufzubauen und zu halten. Die Verfeinerung grundlegender Ringtechniken erfordert viel Übung, Ausdauer und Hingabe. Der Aufbau von Ausdauer ist für einen Ringer von entscheidender Bedeutung, um die Härte des Sports zu überstehen, und ein ausgewogenes Trainingsprogramm, das Kraft- und Kardioübungen umfasst, ist unerlässlich. Mit einer positiven Einstellung und regelmäßigem Training wird das Beherrschen dieser grundlegenden Techniken Ihnen dabei helfen, ein besserer Ringer zu werden.

Kapitel 3: Körperhaltung und Gleichgewicht

Körperhaltung und Gleichgewicht sind die wichtigsten Faktoren für den Erfolg auf der Matte. Eine gute Körperhaltung sorgt dafür, dass Sie bei Ihren Bewegungen maximale Kraft und Hebelwirkung erzielen und gleichzeitig Verletzungen vermeiden können. Ein ausgezeichnetes Gleichgewicht ermöglicht es Ihnen, die Kontrolle über Ihren Gegner zu behalten und ihn daran zu hindern, die Oberhand zu gewinnen. Die Beherrschung dieser Fähigkeiten ist jedoch eine große Herausforderung. Es erfordert Zeit, Hingabe und die Bereitschaft, bis an Ihre Grenzen zu gehen.

Mit Geduld und Übung werden Sie sich jeden Tag verbessern. Dieses Kapitel befasst sich eingehend mit der Bedeutung von Körperhaltung und Gleichgewicht beim Ringen und den Übungen, mit denen Sie diese entwickeln können. Das Kapitel untersucht, wie sich diese Balance positiv auf Ihr tägliches Leben auswirkt. Sie werden sehen, welche Fehler Menschen häufig bei Haltung und Gleichgewicht machen und wie sie sich auf Ihre Gesundheit auswirken. Sie werden verstehen, wie wichtig Haltung und Gleichgewicht für den Erfolg im Ringen sind.

Körperhaltung und Gleichgewicht beim Ringen

Ringen ist ein intensiver und körperlich anspruchsvoller Sport, der Beweglichkeit, Kraft und Geschicklichkeit erfordert. Ringer müssen lernen, die richtige Haltung und das Gleichgewicht zu halten, um in diesem Sport zu brillieren. Eine gute Körperhaltung und ein gutes Gleichgewicht können den Unterschied zwischen Sieg und Niederlage ausmachen. In diesem Abschnitt erfahren Sie, wie wichtig die richtige Körperhaltung und das Gleichgewicht beim Ringen sind.

Die Bedeutung einer guten Körperhaltung

Die Körperhaltung ist entscheidend für die Leistung eines Ringers. Eine gute Körperhaltung hilft den Ringern, das Gleichgewicht zu halten, Verletzungen zu vermeiden und ihre Gegner zu kontrollieren. Ringer mit einer guten Körperhaltung können in einer vorteilhafteren und stabileren Position bleiben, was ihnen einen taktischen Vorteil verschafft. Ringer, die eine gute Körperhaltung haben, sind weniger anfällig für Verletzungen wie Zerrungen und Verstauchungen. Außerdem sorgt eine gute Körperhaltung dafür, dass die Kämpfer ein Maximum an Kraft und Hebelwirkung aus ihren Bewegungen herausholen können.

Vorteile einer guten Balance

Das Gleichgewicht ist ein weiterer entscheidender Faktor beim Ringen. Ringer, die über ein gutes Gleichgewicht verfügen, können sich schnell und flüssig bewegen und so den Angriffen des Gegners ausweichen und Gegenangriffe starten. Eine gute Balance ermöglicht es den Ringern, beim Grappling auf der Matte die Kontrolle zu behalten. Außerdem kann ein Ringer mit guter Balance seine Körperposition nutzen, um den Gegner an Ort und Stelle zu halten und zu verhindern, dass er niedergepinnt wird. Außerdem ist ein Ringer mit guter Balance weniger anfällig für Verletzungen.

An Haltung und Gleichgewicht arbeiten

Ringer können ihre Körperhaltung und ihr Gleichgewicht durch gezielte Übungen verbessern. Die Stärkung der Rumpfmuskulatur ist entscheidend, um eine solide Grundlage für eine gute Haltung und ein gutes Gleichgewicht zu schaffen. Eine Übung, die die Rumpfmuskulatur anspricht, ist die sogenannte Planke, bei der eine Liegestützposition für eine bestimmte Zeit lang durchgehalten wird. Auch Ausfallschritte können das Gleichgewicht verbessern, indem sie die Beine und die Hüften stärken. Auch Übungen mit dem Widerstandsband sind praktisch, um das

Gleichgewicht zu verbessern. Wenn Sie zum Beispiel auf einem Bein stehen und dabei ein Widerstandsband halten, können Sie Ihr Gleichgewicht und Ihre Körperstabilität verbessern.

Eine gute Körperhaltung und ein gutes Gleichgewicht beugen Verletzungen vor, erhalten die Kontrolle während des Spiels und verschaffen strategische Vorteile. Sie können eine bessere Körperhaltung und ein besseres Gleichgewicht erreichen, indem Sie Übungen zur Stärkung Ihrer Körpermitte und Ihres Unterkörpers einbauen und während der Kämpfe die richtige Position beibehalten. Das Wichtigste ist, dass Sie konsequent und ausdauernd trainieren und eine gute Körperhaltung und ein gutes Gleichgewicht zu einem natürlichen Teil Ihrer Ringkampftechnik machen. Mit der Zeit werden Sie die Vorteile des disziplinierten Übens sehen und Ihre Gegner dominieren.

Übungen für eine gute Körperhaltung und Balance

Sie brauchen Konzentration und Aufmerksamkeit, um eine gute Körperhaltung und ein gutes Gleichgewicht während eines Kampfes zu bewahren. Um eine gute Haltung zu bewahren, ist es wichtig, den Kopf hochzuhalten und die Schultern zurückzunehmen. Außerdem müssen Sie sich ständig Ihrer Fuß- und Körperposition bewusst sein, um ein gutes Gleichgewicht zu halten. In diesem Abschnitt werden die wichtigsten Übungen zur Verbesserung der Körperhaltung und des Gleichgewichts behandelt, die Ringer in ihrer Trainingsroutine zur Priorität machen sollten.

Plank

Planks können für die Entwicklung der Rumpfkraft hilfreich sein. *

Die „Plank" oder (Liegestützhalte) ist eine der besten Übungen, um die Rumpfkraft zu entwickeln, die für eine gute Körperhaltung und das Gleichgewicht unerlässlich ist. Diese Übung trainiert alle wichtigen Muskeln der Körpermitte, einschließlich der Bauchmuskeln, der seitlichen Bauchmuskulatur und des unteren Rückens. Um eine Planke durchzuführen, müssen Sie eine Liegestützposition einnehmen, wobei Ihre Unterarme auf dem Boden liegen sollten. Ihre Ellbogen sollten sich direkt unter Ihren Schultern befinden. Halten Sie diese Position zwischen 30 Sekunden bis einer Minute lang durch oder so lange, wie Sie können, ohne die Anspannung zu verlieren.

Mini-Resistenzbandgang

Der Seitengang mit dem Resistenzband kann dabei helfen, das Gleichgewicht und die Stabilität zu verbessern.

Mini-Resistenzbandgänge sind hervorragende Übungen zur Verbesserung von Gleichgewicht und Stabilität. Sie trainieren die Muskeln in Ihren Beinen und Hüften, die die seitliche Bewegung kontrollieren, die für eine solide Basis beim Ringen unerlässlich ist. Legen Sie sich ein Resistenzband um die Knöchel und stellen Sie sich mit schulterbreit auseinanderstehenden Füßen hin. Machen Sie dann kleine Schritte zur Seite und halten Sie dabei die Spannung des Bandes während der gesamten Übung aufrecht. Wiederholen Sie diese Aktion mit zehn Schritten in jede Richtung.

Ausfallschritt

Ausfallschritte können die Haltung, das Gleichgewicht und die Beinkraft verbessern. '

Ausfallschritte sind hervorragend geeignet, um Haltung, Gleichgewicht und Beinkraft zu verbessern. Sie trainieren die Gesäßmuskeln, die Kniesehnen und die Quads, die für einen stabilen Stand beim Ringen unerlässlich sind. Treten Sie zum Beispiel mit einem Fuß nach vorne und senken Sie Ihren Körper nach vorne, bis Ihr vorderes Knie in einem 90-Grad-Winkel gebeugt ist, um einen Ausfallschritt durchzuführen. Ihr hinteres Knie sollte sich gerade über dem Boden befinden. Wiederholen Sie die gleiche Bewegung mit dem anderen Bein.

Einbeinige Deadlifts

A   **B**

Einbeinige Deadlifts trainieren Ihre Hüften, Kniesehnen und Ihre untere Rückenmuskulatur.

Das einbeinige Kreuzheben oder der sogenannte Deadlift ist eine anspruchsvolle Übung, die Ihre Hüften, Kniesehnen und die Muskeln des unteren Rückens trainiert. Sie verbessern das Gleichgewicht und die Stabilität, was für Ringer unerlässlich ist, um ihr Gleichgewicht zu halten, während sie ihre Gegner zu Boden bringen. Stellen Sie sich auf einen Fuß und beugen Sie Ihr Knie leicht, um ein einbeiniges Kreuzheben durchzuführen. Senken Sie Ihren Oberkörper langsam in Richtung Boden, während Sie Ihr anderes Bein hinter sich ausstrecken. Halten Sie Ihren Rücken gerade und lassen Sie Ihre Körpermitte angespannt. Wiederholen Sie die Übung mit dem anderen Bein.

Gymnastikball-Pikes

Die Gymnastikball-Pikes trainieren Ihre Rumpf-, Schulter- und Hüftmuskulatur.

Gymnastikball-Pikes sind eine fortgeschrittene Übung, die Ihre Rumpf-, Schulter- und Hüftmuskulatur anspricht. Sie verbessern das Gleichgewicht, die Stabilität und die allgemeine Körperkontrolle. Um einen Gymnastikball-Pike durchzuführen, beginnen Sie in einer Liegestützposition mit den Füßen auf einem Gymnastikball. Heben Sie dann Ihre Hüften in Richtung Decke, während Sie Ihre Füße zu den Händen bringen. Senken Sie sich schließlich langsam wieder in die Ausgangsposition zurück.

Vorteile einer guten Körperhaltung und Balance

Das Ringen ist eine der körperlich anspruchsvollsten Sportarten, die Kraft, Beweglichkeit und Koordination erfordert. Diese Fähigkeiten hängen stark von der Körperhaltung und dem Gleichgewicht der Person ab. Als Ringer wissen Sie, wie wichtig diese beiden Komponenten für die Leistung im Ring sind. Darüber hinaus sind eine gute Körperhaltung und ein gutes Gleichgewicht beim Ringen von entscheidender Bedeutung, da sie das Verletzungsrisiko verringern und die Gesamtleistung verbessern. In diesem Abschnitt werden die Vorteile einer guten Körperhaltung und eines guten Gleichgewichts beim Ringen erörtert und wie Sie diese verbessern können, um Ihr Spiel auf die nächste Stufe zu bringen.

Verbesserte Technik

Die Technik eines Ringers ist das A und O seiner Kunst. Um Techniken präzise durchzuführen, müssen Sie eine gute Körperhaltung und ein gutes Gleichgewicht haben. Eine gute Körperhaltung ermöglicht es Ihnen, eine stabile Basis aufrechtzuerhalten, während Sie offensive oder defensive Bewegungen durchführen. Mit dem richtigen Gleichgewicht können Sie Ihre Gewichtsverteilung und Bewegung anpassen, um die nächste Bewegung Ihres Gegners zu antizipieren. Wenn Sie Ihre Haltung und Ihr Gleichgewicht verbessern, sind Sie in der Lage, Ihre Techniken effektiv durchzuführen und selbstbewusst auf die Bewegungen Ihres Gegners zu reagieren.

Geringeres Verletzungsrisiko

Ringen ist eine risikoreiche Sportart, die häufig zu Verletzungen führt. Eine gute Körperhaltung und ein gutes Gleichgewicht helfen, den Körper richtig auszurichten und das Risiko von Verletzungen zu verringern. Eine korrekte Haltung hält Ihre Wirbelsäule in einer neutralen Position, wodurch die Belastung Ihrer Rückenmuskeln minimiert und das Risiko von Rückenverletzungen verringert wird. Durch das richtige Gleichgewicht können Sie Ihr Gewicht gleichmäßig verteilen und so verhindern, dass Sie ungünstig landen und Ihre Gelenke verletzen.

Gesteigerte Kraft und Ausdauer

Eine gute Körperhaltung und ein gutes Gleichgewicht sind für den Aufbau von Kraft und Ausdauer beim Training unerlässlich. Die Aufrechterhaltung einer guten Körperhaltung und des Gleichgewichts erfordert jedoch viel Energie, insbesondere bei langen Ringkämpfen. Durch das Üben von Gleichgewichtsübungen und -techniken entwickeln Sie Ihre Rumpf- und Beinmuskulatur, wodurch Sie Kraft und Ausdauer aufbauen können. Außerdem hilft Ihnen die verbesserte Ausdauer, während des gesamten Kampfes konzentriert und aufmerksam zu bleiben, was Ihnen einen Wettbewerbsvorteil gegenüber Ihrem Gegner verschafft.

Bessere Bewegungskoordination

Beim Ringen sind viele schnelle und nahtlose Bewegungen erforderlich, die die Koordination zwischen Oberkörper, Unterkörper und Bauchmuskulatur erfordern. Eine gute Körperhaltung und ein gutes Gleichgewicht verbessern Ihre Bewegungskoordination, indem sie alle Muskeln miteinander verbinden und es ihnen ermöglichen, reibungslos zusammenzuarbeiten. Eine verbesserte Koordination ermöglicht es Ihnen, sich effizient und schnell zu bewegen, wodurch Ihre Muskeln weniger belastet werden und weniger schnell ermüden.

Verbesserte Konzentration

Schließlich können eine gute Körperhaltung und ein gutes Gleichgewicht Ihre geistige Konzentration verbessern. Ringer brauchen ein hohes Maß an mentaler Stärke, um in diesem Sport zu brillieren. Das Trainieren von Körperhaltung und Gleichgewicht hilft Ihnen dabei, sich auf Ihre körperlichen Bewegungen zu konzentrieren und Ihren Geist von Ablenkungen zu befreien. Ein fokussierter Geist hält Sie in Situationen mit hohem Druck wach, konzentriert und ruhig.

Um ein erfolgreicher Ringer zu werden, müssen Sie regelmäßig Ihre Körperhaltung und Ihr Gleichgewicht verbessern. Wenn Sie Haltungs- und Gleichgewichtsübungen in Ihre Routine einbauen, können Sie Ihre Technik verbessern, Verletzungen vorbeugen und Kraft, Ausdauer, Bewegungskoordination und mentale Konzentration entwickeln. Eine ausgewogene Leistung erfordert eine solide Grundlage, basierend auf der richtigen Haltung und einem robusten Gleichgewicht. Mit Hingabe und Anstrengung können Sie so Ihr volles Ringer-Potenzial entfalten.

Fehler bei der Körperhaltung und beim Gleichgewicht

Leider machen viele Ringer häufige Fehler in Bezug auf ihre Körperhaltung und auf ihr Gleichgewicht, die zu Verletzungen und Kampfverlusten führen können. Es ist wichtig, dass sich Ihr Körper in der richtigen Position befindet und Ihr Gewicht gleichmäßig verteilt ist. Eine zu breitbeinige Standposition kann die Bewegung behindern und Sie aus dem Gleichgewicht bringen. Hier finden Sie einige weitere häufige Fehler, die Ringer in Bezug auf Haltung und Gleichgewicht machen, und Informationen dazu wie Sie diese korrigieren können.

Buckeln der Schultern

Einer der häufigsten Fehler, den Menschen beim Ringen machen, ist das Einziehen der Schultern. Das Einziehen der Schultern belastet die Nacken- und Rückenmuskulatur und führt zu chronischen Schmerzen und Verletzungen. Daher ist es wichtig, beim Ringen die Schultern unten und den Rücken gerade zu halten. Diese Haltung verhindert eine unnötige Belastung der Schultern und der Rückenmuskulatur und hält das Gleichgewicht aufrecht.

Zu weit nach vorne gelehnt

Das übermäßige Vorlehnen ist ein weiterer häufiger Fehler beim Ringen und kann zu Verletzungen führen. Wenn sich Ringer zu weit nach vorne lehnen, üben sie viel Druck auf ihre Knie aus und sind anfälliger dafür, zu Boden zu gehen. Die beste Möglichkeit, diesen Fehler zu vermeiden, ist eine ausgewogene Haltung. Stellen Sie Ihre Füße schulterbreit auseinander und beugen Sie Ihre Knie leicht, um Ihr Gewicht zu zentrieren.

Das Kinn anheben

Viele Ringer heben beim Ringen ihren Kopf und ihr Kinn an, was sich auf ihr Gleichgewicht auswirkt. Aus dieser Haltung heraus ist es schwieriger, den Augenkontakt mit Ihrem Gegner aufrechtzuerhalten und dessen Bewegungen zu antizipieren. Ziehen Sie stattdessen Ihr Kinn vor die Brust, senken Sie Ihren Kopf und halten Sie den Augenkontakt mit Ihrem Gegner. So haben Sie eine bessere Balance und Kontrolle über den Kampf.

Die Rumpfmuskulatur entspannen

Ein weiterer Fehler, den manche Menschen beim Ringen machen, besteht darin, dass sie ihre Rumpfmuskeln nicht anspannen. Die Rumpfmuskulatur ist für ein gutes Gleichgewicht und eine gute Körperhaltung unerlässlich. Ringer verlieren infolgedessen die richtige Körperhaltung und werden anfälliger für Verletzungen, wenn sie ihre Rumpfmuskeln nicht anspannen. Konzentrieren Sie sich während des gesamten Kampfes auf die Atmung und die Anspannung Ihrer Bauchmuskeln, damit Ihre Rumpfmuskeln aktiv bleiben.

Überstreckung der Beine zulassen

Beim Ringen machen viele Kämpfer den Fehler, die Beine zu überstrecken. Diese Haltung kann dazu führen, dass Sie das Gleichgewicht verlieren und bei einem Angriff durch Ihren Gegner ungeschützt sind. Dies kann zu Verletzungen Ihrer Beine und Gelenke führen. Konzentrieren Sie sich stattdessen darauf, Ihre Füße hüftbreit auseinander zu lassen und die Muskeln in Ihren Beinen anzuspannen, um Ihr Gleichgewicht zu halten. So behalten Sie eine bessere Kontrolle über den Kampf und vermeiden unnötige Schäden an Ihrem Körper.

Wenn Sie diese häufigen Fehler vermeiden, können Sie Ihre Leistung optimieren und das Verletzungsrisiko verringern. Denken Sie daran, das Gleichgewicht zu halten, Ihre Rumpfmuskulatur anzuspannen, und auf Ihre Haltung zu achten, und Sie sind auf dem besten Weg, ein besserer Ringer zu werden.

Körperhaltung und Gleichgewicht für das Ringen trainieren

Eine gute Körperhaltung und ein gutes Gleichgewicht ermöglichen es Ihnen, Ihre Stabilität und Kontrolle zu bewahren, während Sie die Bewegungen im Ring durchführen. Eine gute Körperhaltung sorgt dafür, dass Ihr Körper richtig ausgerichtet ist, wodurch das Verletzungsrisiko verringert und die allgemeine Stärke erhöht wird. Um Ihre Kampffähigkeiten zu verbessern, müssen Sie also eine solide Grundlage für Ihre Körperhaltung und Ihr Gleichgewicht schaffen. Im Folgenden finden Sie Tipps und Übungen, die Ihnen dabei helfen, sich eine gute Haltung und Balance aufzubauen.

Üben Sie Ihre Körperhaltung

Der erste Schritt zur Entwicklung einer guten Körperhaltung ist die tägliche Übung. Stellen Sie sich zum Beispiel bewusst gerade hin, ziehen Sie die Schultern zurück und heben Sie den Kopf. Indem Sie stets auf diese Haltung achten, bauen Sie sich ein Muskelgedächtnis auf, das Ihnen dabei hilft, beim Ringen eine gute Körperhaltung beizubehalten. Achten Sie auch beim Sitzen, Gehen und Schlafen auf eine gute Haltung. Wenn Sie beispielsweise häufig mit hängenden Schultern stehen oder sitzen, führt dies mit der Zeit zu einem muskulären Ungleichgewicht und einer schlechten Körperhaltung. Außerdem ist es am besten, wenn Sie sich eine bequeme Matratze und Kissen anschaffen, die Ihren Rücken stützen, um eine gute Haltung beim Schlafen zu gewährleisten.

Stärken Sie Ihren Mittelkörper

Ihre Rumpfmuskulatur ist die Grundlage für Ihre Körperhaltung und Ihr Gleichgewicht. Eine Stärkung dieser Muskelgruppe sorgt für eine korrekte Ausrichtung und Stabilität während des Ringkampfes. Einige Übungen zur Stärkung der Rumpfmuskulatur sind Planks, sogenannte V-Ups und Radfahrbewegungen. Diese Übungen trainieren Ihre Bauchmuskeln, den unteren Rücken und die schrägen Bauchmuskeln, die für eine gute Haltung und ein gutes Gleichgewicht entscheidend sind.

Verbessern Sie Ihr Gleichgewicht

Ein gutes Gleichgewicht ist beim Ringen entscheidend. Glücklicherweise können Sie verschiedene Übungen und Drills durchführen, um an Ihrem Gleichgewicht zu arbeiten. Beginnen Sie mit grundlegenden Gleichgewichtsübungen wie dem Stehen auf einem Bein oder der Verwendung einer Balanceplatte. Sobald Sie diese beherrschen, können Sie zu fortgeschritteneren Übungen wie einbeinigen Kniebeugen, Variationen von Ausfallschritten und Übungen mit dem Gymnastikball übergehen. Diese Übungen verbessern Ihr Gleichgewicht und stärken gleichzeitig Ihre Beine und Ihren Rumpf.

Arbeiten Sie an Ihrer Beinarbeit

Die Fußarbeit ist eine weitere entscheidende Bedingung für eine gute Körperhaltung und Balance. Schnelle und präzise Bewegungen erfordern ein solides Fundament, auf dem man aufbauen kann. Dieses Fundament ist in der Regel die richtige Fußarbeit. Nehmen Sie sich die nötige Zeit, um grundlegende Übungen für die Beinarbeit wie Trippeln, Leiterübungen und Ausweichen zu üben. Sobald Sie diese beherrschen, können Sie zu fortgeschritteneren Übungen übergehen, um Bewegungen zu simulieren, die in Ringkämpfen üblich sind.

Konzentrieren Sie sich auf Ihre Atmung

Die Atmung wird bei Diskussionen über Haltung und Gleichgewicht oft übersehen, aber sie ist ein entscheidender Teil des Gesamtkonzepts. Die richtigen Atemtechniken ermöglichen es Ihnen, beim Durchführen von Bewegungen Stabilität und Kontrolle zu bewahren und die Ausdauer zu erhöhen. Üben Sie, stets tief und bewusst zu atmen, während Sie an Ihrer Körperhaltung und Ihren Gleichgewichtsübungen arbeiten. Das Einatmen auf dem Weg nach oben und das Ausatmen auf dem Weg nach unten fördern das Gleichgewicht.

Ob Sie nun ein erfahrener Ringer oder erst ein Anfänger sind, die Arbeit an Haltung und Gleichgewicht ist für Ihren Erfolg im Ring unerlässlich. Mit diesen Tipps und Übungen können Sie für sich eine Grundlage für Stabilität und Kontrolle entwickeln, um Ihre Bewegungen mit größerer Präzision und Beweglichkeit durchzuführen. Denken Sie daran: Arbeiten Sie an Ihrer Haltung, Ihrer Körpermittelkraft, Ihrem Gleichgewicht, Ihrer Beinarbeit und Ihrer Atmung, und schon bald werden Sie eine spürbare Verbesserung Ihres Ringkampfes feststellen.

Tipps für eine gute Körperhaltung und Balance während eines Ringkampfes

Eine gute Körperhaltung und ein gutes Gleichgewicht während des Kampfes sind von entscheidender Bedeutung, denn sie helfen Ihnen dabei, Energie zu sparen, Verletzungen zu vermeiden und letztendlich das Spiel zu gewinnen. Sie müssen regelmäßig eine gute Körperhaltung und ein gutes Gleichgewicht trainieren, um während eines Kampfes die Kontrolle zu behalten und Ihren Gegner zu beherrschen. Hier finden Sie Tipps, die Ihnen dabei helfen, während eines Ringkampfes eine gute Körperhaltung und ein gutes Gleichgewicht zu bewahren.

Aktivieren Sie Ihr Herzstück

Ihre Rumpfmuskulatur stabilisiert Ihren Körper und sorgt für eine gute Körperhaltung während des Kampfes. Aktivieren Sie Ihre Bauchmuskulatur, indem Sie Ihren Bauchnabel zur Wirbelsäule ziehen und Ihren Rücken gerade halten. Das schützt Ihr Gleichgewicht und verhindert, dass Sie von Ihrem Gegner aus dem Gleichgewicht gebracht werden. Das Wichtigste ist, dass Sie Ihre Rumpfmuskulatur während des gesamten Kampfes beibehalten, indem Sie Ihre Bauchmuskeln kontinuierlich anspannen.

Lassen Sie Ihre Füße schulterbreit auseinander

Wenn Sie Ihre Füße schulterbreit auseinander stehen lassen, haben Sie eine solide Standbasis, um das Gleichgewicht zu halten und Takedowns zu widerstehen. Verteilen Sie Ihr Gewicht gleichmäßig auf beide Füße, um nicht aus dem Gleichgewicht zu geraten. Wenn Ihr Gegner versucht, Sie zu schubsen, bleiben Sie mit den Füßen fest auf der Matte stehen und widerstehen Sie seiner Kraft. Sie können seine Bewegungen besser abwehren, wenn Ihre Füße stabil stehen.

Niedriger Körperschwerpunkt

Wenn Ihr Körperschwerpunkt niedrig bleibt, können Sie das Gleichgewicht halten, während Sie Takedowns und Umdrehungen durchführen. Halten Sie Ihre Hüften unter dem Niveau Ihres Gegners, um eine Hebelwirkung zu erzielen und die Kontrolle zu verbessern. So können Sie vermeiden, dass Sie zu Boden gebracht oder umgedreht werden. Wenn Sie sich in der Defensive befinden, bleiben Sie tief und nutzen Sie Ihre Körpermitte, um der Kraft Ihres Gegners zu widerstehen.

Offene Hände bewahren

Offene Hände sorgen für Gleichgewicht und einen besseren Griff. Wenn Ihre Hände geschlossen sind, ist es schwierig, schnell auf die Bewegungen Ihres Gegners zu reagieren, und Sie geraten schneller aus dem Gleichgewicht. Wenn Ihr Gegner nahe genug herankommt, um Sie zu packen, haben Sie mit offenen Händen die Flexibilität, sich anzupassen und seine Bewegungen zu kontern. Sobald Sie sich angewöhnt haben, Ihre Hände offen zu halten, können Sie Gelegenheiten für Takedowns und Wendetechniken besser nutzen.

Beugen Sie die Knie

Wenn Sie Ihre Knie leicht beugen, können Sie das Gleichgewicht halten und schnell auf die Bewegungen Ihres Gegners reagieren. Dadurch können Sie Ihren Körperschwerpunkt senken, so dass es für Ihren Gegner schwieriger wird, Sie vom Boden hochzuheben. Das Wichtigste ist, dass Sie Ihre Knie leicht beugen, sie aber dennoch gerade genug halten, um sich schnell bewegen zu können. Lassen Sie Ihren Körperschwerpunkt niedrig und beugen Sie Ihre Knie noch mehr, wenn Sie sich in einer Verteidigungsposition befinden. So haben Sie mehr Kontrolle und können gegen Ihren Gegner eine Hebelwirkung ausüben.

Lassen Sie den Kopf oben

Wenn Sie den Kopf oben halten, hilft es Ihnen dabei, eine gute Körperhaltung zu bewahren und Ihre Umgebung wahrzunehmen. Das ist beim Ringen von entscheidender Bedeutung, denn so können Sie die Bewegungen Ihres Gegners vorhersehen und entsprechend reagieren. Ideal ist es, wenn Sie Ihr Kinn hochhalten und Ihren Blick nach vorne richten. So können Sie vermeiden, von Ihrem Gegner zu Boden oder aus dem Gleichgewicht gebracht zu werden.

Yoga praktizieren

Wenn Sie regelmäßig Yoga praktizieren, kann dies Ihr Gleichgewicht, Ihre Flexibilität und Ihre Haltung verbessern. Yogastellungen, die sich auf das Gleichgewicht konzentrieren, wie z. B. die Baumposition und Krieger III, können beim Ringen besonders nützlich sein. Selbst wenn Sie nur ein paar Stellungen fünf Minuten täglich üben, können Sie sich damit einen Vorteil gegenüber Ihren Gegnern verschaffen. Die Vorteile werden noch deutlicher, wenn Sie regelmäßig und über einen längeren Zeitraum hinweg üben.

Benutzen Sie Ihren Atem

Ihre Atmung ist beim Ringen entscheidend, denn sie hilft Ihnen dabei, entspannt und konzentriert zu bleiben. Wenn Sie während des Kampfes tief einatmen, sparen Sie Energie und lassen Sie Ihre Muskeln locker. Wenn Sie ausatmen, stellen Sie sich die Bewegung Ihres Körpers vor, als ob Sie eine Bewegung fehlerfrei durchführen würden. Das hilft Ihnen dabei, sich auf die Aufgabe zu konzentrieren und eine gute Balance und Haltung beizubehalten.

Eine gute Körperhaltung und ein gutes Gleichgewicht während des Ringkampfes sind entscheidend für den Erfolg. Indem Sie Ihre Körpermitte anspannen, die Füße schulterbreit auseinander positionieren, die Knie beugen, den Kopf oben halten und Yoga praktizieren, können Sie Ihr Gleichgewicht und Ihre Haltung verbessern und zu einem besseren Ringer zu werden. Üben Sie diese Tipps regelmäßig und beobachten Sie, wie sich Ihre Leistung auf der Matte verbessert.

Kapitel 4: Deckung durchdringen, Anheben und andere Manöver

Das Ringen ist eine komplizierte Mischung aus Beweglichkeit, Kraft und Strategie. Das Ringen besteht im Kern aus mehreren Hauptbewegungen, darunter sind das Durchdringen und Heben, die das Meistern von Takedowns, Pins und Kapitulation erfordern. Dies sind spannende Taktiken, die die Zuschauer in Atem halten, die über die Kraft, das Können und die Technik der Ringer staunen. Der Sport erfordert Hingabe, Ausdauer und Disziplin, aber er ist auch eine hervorragende Möglichkeit, fit zu werden und Selbstvertrauen aufzubauen.

Ob Sie nun ein Fan oder selbst ein Ringer sind, der Nervenkitzel, wenn ein perfektes Manöver auf der Matte durchgeführt wird, ist unbestreitbar. Dieses Kapitel konzentriert sich auf einige der gängigsten und wertvollsten Manöver im Ring und enthält Details zu jeder Bewegung sowie Vorsichtsmaßnahmen, um körperliche Schäden zu vermeiden. Es erklärt die verschiedenen Bewegungsebenen und worauf Sie sich unbedingt konzentrieren müssen. Am Ende dieses Kapitels werden Sie besser verstehen, wie Sie diese Bewegungen durchführen können und warum sie so wichtig sind.

Deckungsdurchdringen

Das Durchdringen von Deckungshaltungen ist eine wichtige Fähigkeit im Ringen, bei der ein Ringer einen erfolgreichen Angriff durchführt, indem er die Verteidigung seines Gegners durchbricht und so die Kontrolle erlangt. Dies erfordert eine Kombination aus Technik, Kraft und Beweglichkeit. In diesem Abschnitt werden drei Durchdringungstechniken erklärt: das Durchstoßen, Umdrehen und Rollen. Jede Technik funktioniert anders, stets abhängig von der Körperbewegung des Gegners, seiner Positionierung und seinem Timing. Tauchen Sie also in das Thema Deckungsdurchdringen ein, um die Matte beim Ringen zu dominieren.

Durchstoßtechnik

Die Durchstoßtechnik ist am besten geeignet, wenn der Gegner aufrecht steht.

Bei der Durchstoßtechnik stürmt der Ringer mit Geschwindigkeit und Aggression nach vorne. Das Ziel ist es, die Verteidigung des Gegners zu überwältigen, indem er festen Druck auf den Oberkörper ausübt. Hier erfahren Sie, wie Sie diese Technik durchführen:

- Beginnen Sie mit einer niedrigen Körperhaltung und positionieren Sie Ihren Kopf auf Höhe der Brust des Gegners.
- Als Nächstes sollten Sie die Schulter gegen die Brust des Gegners drücken und mit dem Führungsbein zustoßen.
- Ziehen Sie mit dem hinteren Bein nach und positionieren Sie sich hinter Ihrem Gegner.
- Sichern Sie die Kontrolle, indem Sie die Hände oder die Taille des Gegners festhalten.

Die Durchstoßtechnik ist am besten geeignet, wenn der Gegner aufrecht steht oder eine schwache Verteidigungshaltung einnimmt. Wenn der Gegner die Bewegung jedoch antizipiert, kann er mit einem sogenannten „Sprawl" oder einem „Whizzer" kontern.

Umdrehtechnik

Die Umdrehtechnik erfordert gute Fußarbeit.

Die Umdrehtechnik beinhaltet eine kreisförmige Bewegung mit dem Bein, um die Verteidigung des Gegners zu umgehen und die Kontrolle von hinten zu sichern. Sie erfordert gute Fußarbeit und ein gutes Timing, um sie effektiv durchzuführen. Befolgen Sie die folgenden Schritte, um diese Technik durchzuführen:

- Fangen Sie an, indem Sie einen Angriff vortäuschen, um den Gegner zu einer Reaktion zu zwingen.
- Treten Sie an die Außenseite des gegnerischen Führungsbeins und umkreisen Sie es.
- Lassen Sie den Kopf niedrig und schlingen Sie die Arme um die Taille des Gegners.
- Sichern Sie schließlich die Kontrolle über den Rücken des Gegners und werfen Sie ihn auf die Matte.

Die Umdrehtechnik eignet sich für Gegner mit einem soliden Oberkörper, aber einer schwachen Verteidigung des Unterkörpers. Wenn der Gegner jedoch ausweicht, kann der Ringer zu einem einbeinigen Takedown wechseln oder zu einer anderen Technik übergehen.

Rolltechnik

Die Rolltechnik eignet sich am besten, wenn der Gegner eine starke Haltung einnimmt.

Die Rolltechnik bietet Ihnen eine einzigartige Möglichkeit, die Verteidigung des Gegners zu durchdringen, indem Sie seinen Schwung gegen ihn einsetzen. Dabei rollen Sie über den Körper des Gegners und erhalten die Kontrolle von der Seite. Um diesen Ansatz im Kampf durchzusetzen, befolgen Sie die folgenden Schritte:

- Beginnen Sie mit der nötigen Hals- oder Handgelenkkontrolle, um die Bewegungen des Gegners zu manipulieren.
- Lassen Sie Ihr Gewicht fallen und rollen Sie über den Rücken des Gegners, indem Sie den Kopf und die Schultern des Gegners beugen.
- Drehen Sie sich auf die andere Seite und sichern Sie die Kontrolle, indem Sie das Bein oder die Taille des Gegners festhalten.
- Treiben Sie den Gegner auf die Matte oder gehen Sie zu einer anderen Bewegung über.

Die Rolltechnik wird am besten dann durchgeführt, wenn der Gegner einen Standardangriff erwartet oder eine stabile Körperhaltung einnimmt. Sie erfordert jedoch ein exzellentes Timing und eine gute Koordination, um effektiv eingesetzt zu werden.

Das Durchdringen der gegnerischen Abwehrhaltung ist beim Ringen eine entscheidende Fähigkeit, die einem Ringer die Oberhand im Kampf gibt. Die Durchstoß-, Umdrehungs- und Rolltechniken bieten Ihnen drei Möglichkeiten, um die gegnerische Verteidigung zu durchdringen und die Kontrolle zu erlangen. Daher ist es wichtig, dass Sie diese Techniken regelmäßig üben und das Timing, die Beinarbeit und die Positionierung beherrschen. Denken Sie daran, dass der Schlüssel zum erfolgreichen Durchdringen der Abwehr darin liegt, die Bewegungen des Gegners zu antizipieren, den Druck aufrechtzuerhalten und Konzentration und Disziplin zu bewahren. Mit Hingabe und harter Arbeit kann jeder die Kunst des Durchdringens im Ringen beherrschen und ein beeindruckender Gegner auf der Matte werden.

Heben

Ringen ist ein Kampfsport, der Kraft, Beweglichkeit, Ausdauer und Technik erfordert. Das Anheben des Gegners ist ein wesentlicher Bestandteil des Ringens. Das Heben kann Ihnen helfen, Ihren Gegner zu besiegen, den Kampf zu kontrollieren und Punkte zu erzielen. Das Heben ist jedoch außerdem eine anspruchsvolle Aufgabe und erfordert souveränes Training und eine gute Technik. In diesem Abschnitt werden die drei effektivsten Hebetechniken im Ringen besprochen:

Hüftüberschlag, Step-Over und Rolling Split. Außerdem erhalten Sie Tipps dazu, wie Sie Ihre Hebetechniken verbessern und häufige Fehler vermeiden können.

Hüftüberschlag

Der Hüftüberschlag oder „Hip Heist" ist die grundlegendste Hebetechnik im Ringen.

Der Hüftüberschlag ist die grundlegendste Hebetechnik im Ringen, bei der Sie Ihren Gegner mithilfe Ihrer Hüfte anheben. Um einen Hüftüberschlag durchzuführen, müssen Sie eine tiefe Haltung einnehmen, die Füße schulterbreit auseinanderstellen, die Hände auf dem Rücken Ihres Gegners und auf den Kopf gesenkt haben. Drücken Sie Ihre Hüften nach vorne und heben Sie Ihren Gegner an, während Sie selbst sich zur Seite drehen. Das gibt Ihnen die Möglichkeit, die Kontrolle über den Kampf zu übernehmen und Punkte zu erzielen.

Step-Over

Der Step-Over Ansatz ist effektiv, wenn sich Ihr Gegner in einer niedrigen Haltung befindet.

Beim Step-Over handelt es sich um eine weitere effektive Hebetechnik im Ringen, vor allem dann, wenn sich Ihr Gegner in einer niedrigen Ausgangshaltung befindet. Am besten führen Sie dieses Manöver durch, indem Sie mit einem Fuß über das Bein Ihres Gegners treten, während Sie den anderen Arm ergreifen, um einen Step-Over durchzuführen. Dann heben Sie das Bein Ihres Gegners mit der anderen Hand in die Luft und treten mit dem Fuß nach vorne. Dadurch wird Ihr Gegner aus dem Gleichgewicht gebracht und Sie können ihn zu Boden bringen.

Rolling Split

Der Rolling Split ist eine fortgeschrittene Hebetechnik.

Der Rolling Split ist eine fortgeschrittene Hebetechnik im Ringen und setzt voraus, dass der Angreifer gut im Training ist und eine gute Strategie hat. Um einen Rolling Split durchzuführen, greifen Sie das Bein Ihres Gegners und ziehen es zu sich heran, während Sie sich auf den Rücken rollen. Dann spalten Sie Ihre Beine und heben Ihren Gegner mit den Beinen an, so dass er auf den Rücken fällt. Diese Technik erfordert eine Menge Flexibilität und Mobilität, kann aber bei richtiger Durchführung das Spiel verändern.

Tipps und zu vermeidende Fehler

Sie müssen sich auf Ihre Technik, Kraft und Flexibilität konzentrieren, um Ihre Hebefähigkeiten im Ringen zu verbessern. Es ist wichtig, dass Sie mit einem Partner trainieren, der Ihnen Feedback geben und Ihnen dabei helfen kann, Ihre Technik zu verbessern. Sie sollten jedoch stets einige häufige Fehler vermeiden, wie z. B. das Heben mit den Armen statt mit der Hüfte, die Tendenz, die Beine nicht zur Unterstützung des Hebens einzusetzen und das Gleichgewicht nicht halten zu können.

Das Heben ist ein entscheidender Teil des Ringens und die Beherrschung der richtigen Techniken gibt Ihnen den Vorteil, Kämpfe gewinnen zu können. Beim Hüftüberschlag, dem Step-Over und dem Rolling Split handelt es sich um drei effektive Hebetechniken, mit denen Sie Ihren Gegner zu Fall bringen und Punkte erzielen können. Die Beherrschung dieser Techniken erfordert jedoch die richtige Herangehensweise, Kraft und Flexibilität. Sie können Ihre Hebetechniken verbessern und ein besserer Ringer werden, indem Sie mit einem Partner trainieren, sich auf Ihre Technik konzentrieren und häufige Fehler vermeiden. Trainieren Sie also weiter und verfeinern Sie Ihre Fähigkeiten. Denken Sie daran: Übung macht den Meister.

Rückwärtsschritt

Eine der wichtigsten und grundlegendsten Techniken im Ringen ist der Rückwärtsschritt. Der Rückwärtsschritt ermöglicht es Ringern, Hebelwirkung und Kontrolle zu ihrem Vorteil zu nutzen und dadurch Punkte gegen ihre Gegner zu erzielen. In diesem Abschnitt werden die drei beliebtesten Rückwärtsschrittmanöver, darunter der Krabbengang, der Rückschritt und die Rückwärtsrolle, sowie deren Anwendung im Ringkampf besprochen. Egal, ob Sie noch ein Anfänger oder bereits ein erfahrener Ringer sind, dieser Abschnitt bietet Ihnen wichtige Einblicke und Strategien, um Ihre Fähigkeiten im Rückwärtsgehen zu verbessern und auf der Matte zu dominieren.

Krabbengang

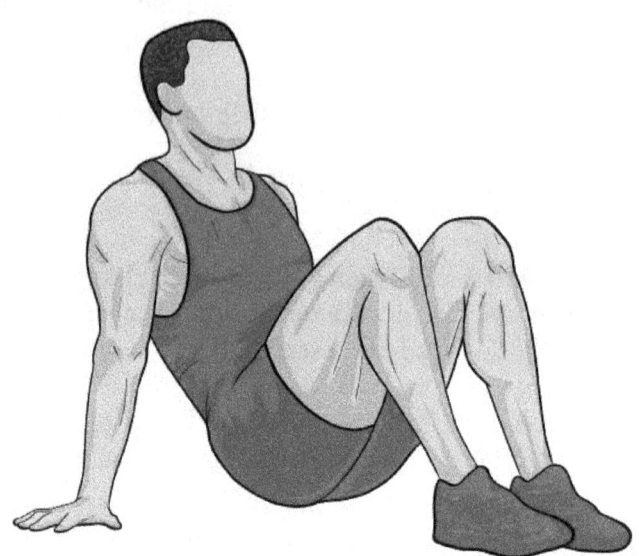

Mit dem Krabbengang können Sie sich diagonal rückwärts bewegen.

Der Krabbengang ist ein Rückwärtsschrittmanöver, bei dem sich der Ringer diagonal nach hinten bewegt und mit dem Fuß über den Fuß des Gegners tritt. Der Körper des Ringers senkt sich dabei und drückt den Brustkorb gegen den Rücken des Gegners. Diese Bewegung ist von Vorteil, wenn der Gegner des Ringers einen Angriff nach vorne startet und der Ringer dem Angriff ausweichen und eine Hebelwirkung erzielen möchte. Der Krabbengang dient Ihnen als ein großartiges Verteidigungsmittel, kann aber zu Kontern führen, weshalb er schnell und effizient durchgeführt werden muss.

Rücktritt

Der Rücktritt ist ein weiteres nützliches Rückwärtsschrittmanöver, bei dem Sie diagonal nach hinten treten und sich gleichzeitig um den Körper des Gegners herumbewegen. Der Ringer setzt seinen Fuß dabei hinter den des Gegners und kontrolliert dessen Hüfte. Diese Bewegung eignet sich hervorragend, um eine vorteilhafte Position gegenüber dem Gegner zu erlangen, vor allem dann, wenn der Gegner nach vorne angreift. Die Trittbewegung ist effektiv und lässt den gegnerischen Ringer für viele andere Angriffsformen offen, was sie zu einer vielseitigen und effektiven Technik für den Wettkampf macht.

Rückwärtsrolle

Eine Rückwärtsrolle kann die Richtung eines Kampfes ändern.

Die Rückwärtsrolle ist ein Rückwärtsmanöver, bei dem der Ringer seinen Körper in einer kreisförmigen Bewegung nach hinten bewegt, während er hinter das Bein seines Gegners tritt. Der Ringer dreht seinen Körper so, dass er seinem Gegner zugewandt ist. In dieser Position hat er eine klare und dominante Position, um seinen Gegner zu kontrollieren. Diese Technik ist nützlich, wenn der Gegner des Ringers versucht, Punkte zu machen, indem er nach dessen Bein greift, so dass dieser entkommen, und aus einer dominanten Position angreifen kann. Wenn sie richtig durchgeführt wird, ist die Rückwärtsrolle ein schnelles und dynamisches Manöver, welches dazu dient, die Richtung eines Kampfes zu ändern und den Gegner verwundbar und deckungslos zu machen.

Tipps für Rückwärtsschrittbewegungen

Rückwärtsschritttechniken dienen als großartige Werkzeuge, müssen aber mit Vorsicht und Präzision eingesetzt werden. Hier finden Sie einige Tipps, die Ihnen dabei helfen, Ihre Rückschritttechniken zu verbessern und sie in Kämpfen nützlich zu machen.

- **Regelmäßig üben:** Das regelmäßige Üben mit einem Trainingspartner kann Ihnen dabei helfen, die Kunst des Rückwärtsschrittes sicher zu beherrschen.

- **Seien Sie wendig:** Der Rückwärtsschritt zielt darauf ab, dass Sie dem Angriff Ihres Gegners ausweichen können. Daher ist es wichtig, dass Sie leichtfüßig und flink sind.

- **Kontrollieren Sie die Hüfte Ihres Gegners:** Einer der wichtigsten Aspekte beim Rückwärtsschritt ist die Kontrolle über die Hüfte Ihres Gegners. So können Sie die Richtung des Kampfes diktieren und Ihren Gegner unter Druck setzen.

- **Verwenden Sie Bewegungskombinationen:** Die Beherrschung von Rückwärtsschritten sollte als Teil des Arsenals eines exzellenten Ringers verstanden werden. Daher ist es hilfreich, wenn Sie diese Technik in verschiedene andere Methoden wie Würfe, Takedowns und Überschläge integrieren können.

Rückwärtsschritte gehören zu den grundlegenden Fähigkeiten, die jeder Ringer beherrschen sollte. Der Krabbengang, der Rückwärtsschritt und die Rückwärtsrolle sind vielseitige Manöver, mit denen Ringer Angriffen ausweichen und eine vorteilhaftere Position im Kampf einnehmen können. Es ist wichtig, diese Bewegungen zu üben, sie beherrschen zu lernen und gleichzeitig Ihre Beweglichkeit und Kontrolle zu verbessern. Diese Bewegungen bieten Ihnen großartige Möglichkeiten, die Sie mit anderen Methoden kombinieren können. Denken Sie daran, dass ein guter Ringer Geduld, Fleiß und Strategie braucht.

Rückenwölbung

Eine wichtige Fähigkeit beim Ringen ist es, so schnell wie möglich vom Boden aufzustehen, vor allem dann, wenn Ihr Gegner versucht, Sie festzuhalten. Eine Technik, um vom Boden aufzustehen, ist das Aufschaukeln, aber es gibt auch andere, wie etwa das „Kip-up" und das Aufspringen. In diesem Abschnitt erfahren Sie mehr über die verschiedenen Methoden, die Sie beim Ringen zum Aufstehen nutzen können und erhalten Tipps dazu, wie Sie diese meistern können.

Kip-up

Ein Kip-up kann Ihnen helfen, schnell aufzustehen.

Das Kip-Up ist eine weit verbreitete Technik im Ringen und viele Ringer nutzen sie, um schnell vom Boden aufzustehen. Bei dieser Technik wippen Sie mit den Beinen, um Schwung zu holen, und stoßen dann Ihren Körper mit den Händen nach oben, um auf Ihren Füßen zu landen. Um das Kip-up zu meistern, müssen Sie sich zunächst auf den Rücken legen, die Knie beugen und die Füße flach auf den Boden stellen. Schwingen Sie dann Ihre Beine zur Brust, um Schwung zu erzeugen, und stoßen Sie sie gerade nach oben, während Sie Ihren Körper mit den Armen vom Boden abstoßen. Um den Kip-up zu meistern, müssen Sie sicherstellen, dass Sie Ihre Beine mit genügend Kraft schwingen, um den nötigen Schwung für den Aufstieg zu erzeugen. Außerdem müssen Sie Ihren ganzen Körper vom Boden abstoßen, nicht nur Ihren Oberkörper.

Aufschaukeln

Das Aufschaukeln ist eine weitere berühmte Technik, die Ringer verwenden, um schnell vom Boden aufzustehen. Bei dieser Technik rollen Sie Ihre Schultern über den Boden, um Schwung zu holen, und bringen dann Ihre Knie unter sich, um aufzustehen. Um das

Aufschaukeln zu meistern, sollten Sie sich zunächst auf den Rücken legen, die Knie beugen, die Füße flach auf den Boden stellen und die Arme an die Seite legen. Bewegen Sie dann Ihre Schultern nach vorne, um Schwung zu erzeugen, und bringen Sie Ihre Knie nach oben, während Sie sich mit den Armen vom Boden abstoßen. Um das Aufschaukeln zu meistern, rollen Sie Ihre Schultern weit genug nach vorne, um Schwung zu erzeugen. Stoßen Sie sich auch mit den Armen vom Boden ab und lassen Sie Ihre Körpermitte angespannt, um die Bewegung Ihres Körpers zu kontrollieren.

Aufsprung

Das Aufspringen ist eine weniger verbreitete Technik im Ringen, dient aber als eine effektive Methode, um schnell aufzustehen. Bei dieser Technik springen Sie von Ihren Füßen und Händen noch, um eine stehende Position zu erreichen. Um den Aufsprung durchzuführen, legen Sie sich zunächst auf den Rücken, die Knie gebeugt, die Füße flach auf dem Boden und die Arme an Ihre Seiten. Stoßen Sie sich dann mit Ihren Füßen und Händen in einer schnellen Bewegung vom Boden ab, bringen Sie Ihre Knie nach oben und stehen Sie auf. Um das Aufspringen zu meistern, stoßen Sie sich mit viel Kraft vom Boden ab und machen Sie die Bewegung dabei so fließend wie möglich.

Das Aufrichten des Rückens ist eine wichtige Fähigkeit im Ringen, und die Beherrschung der verschiedenen Techniken kann Ihnen einen Vorteil auf der Matte verschaffen. Das Kip-up, das Aufschaukeln und das Aufspringen gehören zu den drei effektivsten Techniken, die Ringer verwenden, um schnell auf die Beine zu kommen. Um diese Techniken beherrschen zu lernen, müssen Sie die Grundlagen jeder Technik üben und sich auf Ihre Form konzentrieren. Denken Sie daran, Ihre Beine mit genügend Kraft zu schwingen, die Bewegung zu kontrollieren und Ihre Bauchmuskeln anzuspannen. Wenn Sie fleißig üben, können Sie diese Techniken meistern und Ihre Ringfähigkeiten auf das nächste Niveau bringen.

Verschiedene Bewegungsebenen

Das Verständnis und die Umsetzung der verschiedenen Bewegungsebenen sind entscheidend, um das Ringen zu meistern. In diesem Abschnitt werden die verschiedenen Bewegungsebenen beim Ringen erörtert, darunter solche mit hoher, mittlerer und niedriger Energie. Am Ende des Abschnitts werden Sie besser verstehen, wie Sie diese Bewegungsebenen in Ihre Ringkampfstrategie einbauen können.

Hohe Energie

Schnelle, explosive Bewegungen sind charakteristisch für das Ringen. Diese Art Bewegung erfordert viel Ausdauer und Kraft. Ringer mit hoher Energie sind ständig in Bewegung und greifen unerschrocken an. Sie geben ihren Gegnern kaum eine Chance, zu Atem zu kommen - dieser Ringkampfstil eignet sich am besten für agile Athleten, die sich schnell und leicht bewegen können. Um das Ringen mit hoher Energie in Ihre Strategie einzubauen, konzentrieren Sie sich darauf, schnelle und explosive Bewegungen wie Takedowns und Umdrehungen zu initiieren.

Mittlere Energie

Das mittlere Energieniveau ist langsamer als das hohe Energieniveau, erfordert jedoch erhebliche Energie und Anstrengung. Beim Ringen mit mittlerer Energie bewegen sich die Athleten ständig, aber in einem etwas langsameren Tempo. Dieses Bewegungsniveau wird oft aus strategischen Gründen genutzt, z. B. um einen Takedown vorzubereiten oder den richtigen Moment für einen Schlag abzuwarten. Gute Ringer mit mittlerer Energie können während des gesamten Kampfes ein konstantes Tempo beibehalten und so Energie für spätere Runden sparen.

Niedrige Energie

Energiearmes Ringen ist die langsamste Bewegungsebene und wird typischerweise für defensive Strategien verwendet. Diese Bewegungsebene erfordert viel Geduld und Geschick, denn die Ringer müssen sich geschickt bewegen und dabei vermeiden, von den Angriffen ihres Gegners überrascht zu werden. Die Athleten kontrollieren die Bewegungen ihres Gegners, während sie auf eine Gelegenheit warten, um beim Ringen mit niedriger Energie zuzuschlagen. Dieses Bewegungsniveau eignet sich am besten für Ringer mit starken defensiven Fähigkeiten, die auch in Situationen mit hohem Druck die Ruhe bewahren können.

Die verschiedenen Bewegungsebenen beim Ringen sind in jedem Kampf entscheidend. Durch die Beherrschung der verschiedenen

Bewegungsebenen können Ringer ihre Energie strategisch einsetzen, ihren Gegnern immer einen Schritt voraus sein und schließlich den Sieg davontragen. Ganz gleich, ob Sie Ringen mit hoher, mittlerer oder niedriger Energie bevorzugen, das Verständnis dieser Bewegungsebenen hilft Ihnen dabei, ein effektiverer Athlet zu werden. Wenn Sie also das nächste Mal auf die Matte gehen, denken Sie daran, diese Bewegungsebenen in Ihre Technik einzubauen, und Sie werden sehen, wie Ihre Leistung ansteigt.

Wesentliche Ansätze

Ringer müssen geistig und körperlich stark sein, um miteinander zu konkurrieren und im Kampf erfolgreich zu sein. Daher erfordert der Sport Strategie, Übung und Disziplin, um die Techniken und Taktiken des Ringens beherrschen zu lernen. Für einen Ringer ist der Fokus entscheidend und beginnt mit dem Verständnis der wesentlichen Fokuspunkte. In diesem Abschnitt geht es um drei entscheidende Schwerpunkte beim Ringen: den Schwerpunkt, das Gleichgewicht und das kinästhetische Bewusstsein.

Zentrum der Schwerkraft

Einer der wichtigsten Ansätze beim Ringen ist der Körperschwerpunkt. Ihr Schwerpunkt ist der Punkt in Ihrem Körper, an dem Ihre Gewichtsverteilung gleichmäßig ist. Ein niedriger Schwerpunkt ist beim Ringen von entscheidender Bedeutung. Je tiefer Ihr Körperschwerpunkt positioniert ist, desto schwieriger ist es für Ihren Gegner, Sie zu Fall zu bringen. Ringer müssen diesen niedrigen Schwerpunkt beibehalten, um im Gleichgewicht zu bleiben und zu verhindern, dass ihr Gegner eine Hebelwirkung erzielt. Konzentrieren Sie sich daher darauf, Ihre Hüften nach unten und eng an Ihren Gegner zu bringen, um Ihren Schwerpunkt effektiv aufrechtzuerhalten.

Gleichgewicht

Eine ausgewogene Gewichtsverteilung ist ein weiterer wichtiger Ansatz beim Ringen. Sie müssen stets Ihr Gleichgewicht bewahren, um die verschiedenen Bewegungen durchzuführen und sich gegen Ihre Gegner zu verteidigen. Dies erfordert eine starke Körpermitte und die richtige Position Ihrer Füße. Wenn Sie Ihr Gleichgewicht verlieren, ist es für Ihren Gegner viel einfacher, eine Bewegung, die gegen Sie gerichtet ist, durchzuführen. Ringer arbeiten an ihrem Gleichgewicht, indem sie Bewegungen üben, bei denen sie ihr Körpergewicht verlagern und die

Kontrolle behalten müssen. Wenn Sie sich auf das Gleichgewicht konzentrieren, können Sie während eines Ringkampfes die Kontrolle behalten.

Kinästhetisches Bewusstsein

Das kinästhetische Bewusstsein bedeutet, dass Sie sich der Positionierung und der Bewegungen Ihres Körpers bewusst sind. So ist es zum Beispiel entscheidend, die Position Ihres Körpers zu kontrollieren, um Bewegungen durchzuführen, mit denen Sie Ringkämpfe gewinnen können. Es geht darum zu wissen, wo sich Ihr Körper im Verhältnis zu Ihrem Gegner und der Matte befindet, dies wiederum erfordert einen speziellen Sinn, der auch kinästhetisches Bewusstsein genannt wird. Dieses Bewusstsein kann durch rigoroses Training entwickelt und verbessert werden, indem Sie routinemäßig an Übungen arbeiten und sich auf die Bewegungen Ihres Gegners konzentrieren.

Durch das Erkennen der wesentlichen Fokuspunkte beim Ringen, wie etwa dem Schwerpunkt, dem Gleichgewicht und dem kinästhetischen Bewusstsein, können sich Ringer in eine bessere Position bringen, um sich im Kampf einen Vorteil zu verschaffen. Diese drei Kernansätze sind nicht nur beim Ringen wichtig, sondern auch im täglichen Leben entscheidend. Wie beim Ringen ermöglicht Ihnen die Aufrechterhaltung eines niedrigen Schwerpunkts, einer ausgewogenen Gewichtsverteilung und des Bewusstseins für die Bewegungen des Gegners, beim Training Fortschritte zu machen und bei allem, was Sie sich vornehmen, erfolgreich zu sein. Konzentrieren Sie sich also, üben Sie und arbeiten Sie so gut wie möglich an Ihrer Disziplin.

In diesem Kapitel ging es um Deckungsdurchbrechen, Heben und andere Standardbewegungen des Ringkampfes. Das Wissen darüber, wie man diese Bewegungen richtig einsetzt, ist für den Erfolg auf der Matte unerlässlich, und um die Manöver zu meistern braucht es Konzentration, Übung und Disziplin. Das Bewusstsein für die Position Ihres Körpers und die Verteilung des Gewichts sind entscheidende Elemente bei der Vorbereitung auf diese Bewegungen. Außerdem müssen Sie die verschiedenen Bewegungsebenen beim Ringen verstehen, wie zum Beispiel die hohe, mittlere und niedrige Energie. Indem Sie diese Bewegungsebenen beherrschen lernen, erhöhen Sie Ihre Mobilität und Agilität auf der Matte, was Ihnen letztlich auch dabei hilft, zu einem besseren Ringer zu werden. Konzentrieren Sie sich also auf das Wesentliche und beobachten Sie, wie schnell Ihre Leistung steigt.

Kapitel 5: Angriff und Gegenangriff

Das Ringen ist ein Sport, bei dem Geschick und Strategie gefragt sind, um als Sieger aus dem Wettkampf hervorzugehen. Ringer müssen sich ihrer Fähigkeiten sicher sein, effektiv angreifen und kontern können, und sie müssen wissen, wie sie die Bewegungen ihres Gegners effektiv lesen können. Dabei geht es darum, die Schwächen des Gegners zu verstehen und etwaige Chancen zu nutzen. Ob Takedown, Pin oder Unterwerfung - jeder Ringer hat seine bevorzugten Techniken, auf die er sich verlässt. Wenn Sie wissen, wie man diese Bewegungen kontern kann, gelingt es Ihnen, im Spiel die Nase vorn zu haben.

Mit Übung und Entschlossenheit können Ringer die Kunst des Angriffs und des Gegenangriffs beherrschen, und auf der Matte eine beeindruckende Kraft entfesseln. In diesem Kapitel werden einige der gebräuchlichsten Angriffs- und Kontertechniken im Ringen sowie Tipps zur Vermeidung von Fehlern und zur Minimierung von Körperverletzungen beschrieben. Diese Techniken sind von großem Vorteil, wenn es darum geht, die Kontrolle über einen Gegner zu erlangen. Am Ende dieses Kapitels werden Sie die verschiedenen Angriffe und Gegenangriffe im Ringen besser verstehen können.

Die Macht des Schwitzkastens beim Ringen nutzen

Schwitzkästen sind beim Ringen beliebt.

Der Schwitzkasten ist beim Ringen eine beliebte Bewegung, die für ihre Effektivität und Durchführbarkeit bekannt ist. Allerdings sind nicht alle Schwitzkastenmanöver gleich gut geeignet. Einige sind effektiver als andere, und einige können schwere Verletzungen verursachen, wenn sie nicht korrekt durchgeführt werden. In diesem Abschnitt werden die verschiedenen Schwitzkastenbewegungen, deren Vorteile und deren richtige Durchführung erläutert. Sie erhalten außerdem Tipps zu häufigen Fehlern und Informationen dazu, wie Sie Verletzungen vermeiden können. Lassen Sie uns also mehr zum Thema Schwitzkastenangriffe erfahren.

Den Aufbau vorbereiten

Die erste Bedingung für einen erfolgreichen Schwitzkastenangriff ist der richtige Aufbau. Es geht dabei darum, die richtige Position für das Durchführen der Bewegung zu finden. Die Position für einen Schwitzkasten beginnt normalerweise damit, dass sich beide Ringer gegenüberstehen. Der angreifende Ringer legt seinen Arm über den Kopf des Gegners und greift nach seinem Handgelenk oder dem Arm des Gegners. Der Ringer muss seinen Körper dicht an den des Gegners heranführen, wobei er seinen Kopf eng an den Kopf oder den Hals des Gegners legt. So entstehen ein fester Griff und eine gute Position, um die Bewegung zu meistern.

Die Bewegung durchführen

Sobald Sie die Bewegung richtig vorbereitet haben, ist es an der Zeit, sie durchzuführen. Der Ringer drückt seinen Arm dazu fest gegen den Hals des Gegners und dreht seinen Körper zur Seite, um Druck auszuüben und die Kontrolle zu behalten. Dies sollte schrittweise geschehen, ohne plötzlich zu stark am Gegner zu ziehen, da dies zu Verletzungen führen könnte. Die Bewegung übt immensen Druck auf den Hals des Gegners aus und erschwert es ihm, zu atmen und zu entkommen, wenn sie korrekt durchgeführt wird.

Häufige Fehler

Ein häufiger Fehler, den Ringer beim Versuch eines Schwitzkastengriffs machen, ist, zu stark am Gegner zu ziehen. Das kann potenziell gefährlich sein, vor allem wenn der Gegner nicht auf die Bewegung vorbereitet ist. Ein weiterer häufiger Fehler besteht darin, die Bewegung nicht richtig vorzubereiten, was dazu führt, dass Sie die Kontrolle verlieren und der Versuch fehlschlägt. Vermeiden Sie es, mit dieser Bewegung zu vorhersehbar zu sein, damit Ihr Gegner nicht einfach kontern kann.

Wie man Verletzungen vermeidet

Wie bei jeder Bewegung im Ringen ist es wichtig, dass Sie die Körpersprache Ihres Gegners genau beobachten und nur Bewegungen ausüben, die Sie geübt haben und mit denen Sie gut vertraut sind. Wenn Sie während der Bewegung Unbehagen oder Widerstand verspüren, sollten Sie den Griff unbedingt aufgeben und es später noch einmal versuchen. Ausreichendes Dehnen und Aufwärmen sind ebenfalls unerlässlich, bevor Sie eine Ringkampfbewegung, einschließlich eines Schwitzkastens, durchzuführen versuchen.

Der Schwitzkasten ist eine entscheidende Bewegung im Ringen, mit der Sie Ihren Gegner effektiv kontrollieren können. Es ist wichtig, diese Bewegung korrekt durchzuführen, sie richtig vorzubereiten, langsam vorzugehen, sobald Sie den Gegner gepackt haben, und häufige Fehler zu vermeiden. Wie bei allen Bewegungen beim Ringen ist die Sicherheit entscheidend. Achten Sie immer auf die Körpersprache Ihres Gegners und vermeiden Sie es, zu viel Kraft anzuwenden. Mit etwas Übung können auch Sie ein Meister des Schwitzkastens werden und zu einem dominanten Gegner auf der Ringermatte werden.

Meistern Sie die Kunst der Takedowns

Takedowns sind im Kampfsport notwendig.

Takedowns gehören zu den wichtigsten Fähigkeiten in der Kampfkunst und im Kampfsport. Beim Takedown handelt es sich um eine Bewegung, die den Verlauf eines Kampfes sofort ändern und Ihnen die Oberhand über Ihre Gegner verschaffen kann. Die Durchführung eines Takedowns ist jedoch komplexer, als man denkt. Ein Takedown erfordert eine Kombination aus Technik, Timing und Strategie. Ob Sie nun ein Anfänger oder ein erfahrener Kämpfer sind, dieser Abschnitt wird Ihnen dabei helfen, die Kunst der Takedowns beherrschen zu lernen und Verletzungen zu vermeiden.

Den Takedown vorbereiten

Bevor Sie den Takedown einsetzen, müssen Sie ihn richtig vorbereiten. Ein Takedown kann auf viele Arten durchgeführt werden, z. B. durch Clinchen, energiereiches Vorstoßen oder indem Sie den Gegner überrumpeln. Die Verwendung von Scheinangriffen oder Finten ist eine beliebte Methode, einen Takedown vorzubereiten, um die Aufmerksamkeit Ihres Gegners abzulenken und sich Angriffsöffnungen zu schaffen. Viele erfahrene Kämpfer verwenden diese Technik im Stand und am Boden. Zu den anderen Möglichkeiten, um Takedowns vorzubereiten, gehören die Fußarbeit, das Abwinkeln oder der Kampf mit unausgeglichenen Angriffspositionen, um Ihren Gegner aus dem Gleichgewicht zu bringen.

Durchführung des Takedowns

Sobald Sie den Takedown vorbereitet haben, ist es an der Zeit, ihn durchzuführen. Ein erfolgreicher Takedown erfordert das richtige Timing, eine gute Technik und ausreichend Geschwindigkeit. Zu den gängigen Takedowns gehören der Takedown mit zwei Beinen, der Takedown mit einem Bein und der Hüftwurf. Um den Takedown richtig einsetzen zu können, müssen Sie sicherstellen, dass Sie sich in der richtigen Ausgangsposition befinden und prüfen, ob das Gewicht Ihres Gegners in die richtige Richtung verlagert ist. Takedowns können während des Kampfes angepasst werden, daher ist es wichtig, dass Sie sich beim Durchführen der Bewegung alle Optionen offen halten.

Häufige Fehler

Wie bei anderen Techniken gibt es auch bei Takedowns häufige Fehler, die Ihre Kampfleistung negativ beeinträchtigen können. Ein häufiger Fehler besteht zum Beispiel darin, den Takedown nicht richtig vorzubereiten, was dazu führen kann, dass die Bewegung gegen Sie gekontert wird oder Sie in einer Unterwerfung gefangen werden. Wenn Sie den Takedown überstürzen oder die Bewegung zu früh ankündigen, hat Ihr Gegner genug Zeit, um sich zu verteidigen und einen Gegenangriff vorzubereiten. Andere Fehler bestehen darin, dass Kämpfer sich zu sehr verausgaben (anstatt den Schwerpunkt des Gegners effektiv zu kontrollieren) und den Takedown nicht zu Ende zu bringen.

Wie man Verletzungen beim Kämpfen vermeidet

Takedowns sind kraftvoll und mit einem hohen Verletzungsrisiko für Sie und Ihren Gegner verbunden. Um Verletzungen zu vermeiden, sollten Sie zunächst sicherstellen, dass Sie eine kontrollierte Bewegung durchführen können. Vermeiden Sie den Einsatz von übermäßiger Kraft oder exzessiven Schwung, da diese Sie oder Ihren Gegner ernsthaft verletzen können. Tragen Sie außerdem die richtige Schutzausrüstung, wie z.B. einen Mundschutz und eine Kopfbedeckung. Wenn Sie sich nicht sicher sind, ob ein Takedown richtig durchgeführt wurde, oder Sie sich unwohl fühlen, wenden Sie sich an einen Trainer oder Arzt.

Es ist eine entscheidende Fähigkeit für einen angehenden Kämpfer, die Kunst des Takedowns zu beherrschen. Sie können Ihre Chancen, einen Kampf zu gewinnen, erheblich verbessern, wenn Sie die Bewegung richtig vorbereiten, sie mit dem richtigen Timing und der richtigen Technik durchführen und häufige Fehler und Verletzungen vermeiden. Egal, ob Sie noch ein Anfänger oder bereits ein erfahrener Kämpfer sind, denken Sie an diese wichtigen Tipps und üben Sie weiter, um Ihre Takedowns zu perfektionieren.

Den Submission Hold meistern

Sogenannte „Submission Holds" oder Unterwerfungsgriffe bieten Ihnen die effektivste Möglichkeit, um Ihren Gegner zu überwältigen.'

Haben Sie sich schon einmal darüber gewundert, wie technisch und präzise manche Bewegungen im professionellen Ringen aussehen? Sogenannte Submission Holds gehören zu diesen Techniken. Hierbei handelt es sich um eine der komplexesten und effektivsten Methoden, um

Ihren Gegner zu dominieren und einen Kampf zu gewinnen. Allerdings können Submission Holds auch einschüchternd wirken, besonders für Anfänger. In diesem Abschnitt lernen Sie die Grundlagen von Submission Holds kennen und erfahren, wie Sie diese fehlerfrei durchführen können.

Den Griff vorbereiten

Vergessen Sie nicht, dass alle Unterwerfungsgriffe mit der richtigen Vorbereitung beginnen, wobei es darum geht, dass Sie die Körperposition Ihres Gegners kontrollieren. Sie müssen Ihren Gegner in eine verwundbare Position bringen, um einen Submission Hold initiieren zu können. Und so machen Sie es richtig: Sie müssen sich geeignete Öffnungen schaffen, indem Sie die Haltung Ihres Gegners beobachten und nach Anzeichen von Schwäche Ausschau halten. Wenn Sie eine passende Gelegenheit bemerken, ergreifen Sie sie und führen Sie die Bewegungen souverän durch. Wenn Ihr Gegner versucht zu kontern oder sich zu wehren, bleiben Sie ruhig, aber selbstbewusst. Halten Sie den Druck aufrecht, bis Sie die Bewegung durchgeführt haben. Der Erfolg mit einem Unterwerfungsgriff erfordert Geschick, Aufmerksamkeit und vorsichtige Bewegungen.

Den Submission Hold einsetzen

Nachdem Sie die Bewegung vorbereitet haben, müssen Sie sie effizient durchführen, sonst verlieren Sie den Kampf. Das wiederholte Üben des Submission Hold bietet Ihnen die beste Möglichkeit, um die Bewegung fehlerfrei durchzuführen. Mithilfe der folgenden Schritte. Können Sie den Submission Hold üben. Sie sollten zunächst nahe an Ihren Gegner herankommen. So haben Sie einen besseren Griff, und es gelingt Ihnen, ihn festzuhalten. Verriegeln Sie dann Ihren Griff und umfassen Sie die Gliedmaßen Ihres Gegners, besonders dessen Arme und Beine, um dessen Bewegungen zu kontrollieren. Bei einigen Submission Holds müssen Sie den Griff einige Augenblicke lang festhalten. Seien Sie also geduldig und bleiben Sie konzentriert und behalten Sie Ihren Griff bei und vermeiden Sie es, das Gleichgewicht zu verlieren. Stellen Sie sicher, dass Ihr Griff ausreicht, um Ihren Gegner zum Aufgeben zu zwingen.

Häufige Fehler

Einige Ringer machen beim Submission Hold Fehler, die dazu führen, dass sie Kämpfe verlieren. Im Folgenden erfahren Sie mehr über ein paar Fehler, die häufig bei Submission Holds gemacht werden, die aber schnell korrigierbar sind:

- Wenn Sie anfangs nicht geduldig genug sind, um die richtige Position für den Angriff einzunehmen, kann dies zu Gegenangriffen führen.
- Wenn Sie nicht fest genug zupacken, können Sie den Gegner aus dem Griff und dadurch auch die Kampfrunde verlieren.
- Wenn Sie die Kontrolle über den Körper Ihres Gegners verlieren, kann dieser Ihrem Griff schnell entkommen.
- Die Nichtbeachtung des Gleichgewichts kann einen Ringer zu Fall bringen und dazu führen, dass Sie den Kampf verlieren.

Verletzungsvermeidung

Verletzungen sind beim Ringen an der Tagesordnung. Sie können das Risiko von Verletzungen jedoch verringern, indem Sie:

- Sich vor dem Training immer richtig dehnen.
- Schutzkleidung beim Training und während Kämpfen tragen.
- Ihre Grenzen kennenlernen und nicht über Ihre Fähigkeiten hinausgehen.
- Im Falle einer Verletzung sofort einen Arzt aufsuchen.

Denken Sie daran, dass die allgemeine Gesundheit und das Wohlbefinden eines Ringers für dessen Leistungsfähigkeit, dessen Gewinnchancen und dessen Freude am Sport unerlässlich sind.

Submission Holds geben dem Kämpfer eine großartige Möglichkeit, seine technischen Fähigkeiten zur Schau zu stellen und Kämpfe zu gewinnen. Um Unterwerfungsgriffe miteinzubringen, sollten Sie wachsam bleiben, nach Lücken Ausschau halten und sich konzentrieren. Wenn Sie Submission Holds meistern wollen, erfordert dies Übung, Geduld, Gleichgewicht und ein hervorragendes Konzentrationsvermögen. Wenn Sie die häufigsten Fehler vermeiden, die Ringer beim Versuch Unterwerfungsgriffe einzusetzen machen, können Sie Ihre Gewinnchancen erhöhen. Zu guter Letzt sollten Sie immer auf Ihre Gesundheit und Ihr Wohlbefinden achten und bei Bedarf ärztliche Hilfe in Anspruch nehmen. Mithilfe der Tipps in diesem Abschnitt können Sie Submission Holds meistern und zu einem erfolgreichen Ringer werden.

Durch Ausweichmanöver zum Sieg

Eine der wichtigsten Fähigkeiten beim Ringen ist die Fähigkeit, dem Griff des Gegners zu entkommen. Wenn Sie in dessen Griff gefangen sind oder von Ihrem Gegner bewegt werden, kann ein Fluchtversuch den Verlauf eines Kampfes verändern oder Ihren Gegner daran hindern, zu punkten. Diese Technik erfordert Kraft, Flexibilität und schnelles Denken. In diesem Abschnitt erfahren Sie, wie Sie die Bewegung des Gegners erkennen, das Ausweichmanöver planen, häufige Fehler vermeiden und unnötige Verletzungen verhindern.

Wie man die Bewegungen des Gegners analysiert

Der erste Schritt bei der Vorbereitung eines Ausweichmanövers ist das Erkennen des Griffs oder der Bewegung, die Ihr Gegner auf Sie ausüben möchte. Das kann sich als große Herausforderung erweisen, da verschiedene Bewegungen beim Ringen unterschiedliche Ausweichmanöver erfordern. Eine gute Möglichkeit, um die Bewegung zu erkennen, die Ihr Gegner auf Sie ausübt, besteht darin, sich auf den Körperteil zu konzentrieren, mit dem Ihr Gegner Sie festhält oder zu kontrollieren versucht. Wenn Ihr Gegner Sie z. B. mit den Beinen festhält, können Sie versuchen, Ihre Beine mithilfe von verschiedenen Ausweichmanövern zu befreien. Wenn Sie die Bewegungen Ihres Gegners genau beobachten, können Sie seine nächsten Manöver vorhersehen und so Ihre Flucht vorbereiten.

Ausweichmanöver durchführen

Sobald Sie den Zug Ihres Gegners erkannt haben, müssen Sie schnell handeln, um ihm zu entkommen. In dieser Situation ist es wichtig, ruhig und besonnen zu bleiben, denn Sie müssen schnell denken. Zu den üblichen Ausweichmanövern gehören sogenannte Sit-Outs, Wechsel und Aufstehbewegungen, die Kraft, Flexibilität und Technik erfordern. Wenn Sie diese Bewegungen im Voraus üben, erhöhen sich dadurch Ihre Chancen auf eine erfolgreiche Flucht während eines Kampfes.

Häufige Fehler

Einer der häufigsten Fehler, den Ringer bei einem Ausweichversuch machen, besteht darin, dass sie sich nur teilweise auf die Bewegung einlassen. Wenn Sie sich zurückhalten oder zögern, verlieren Sie die Oberhand und ermöglichen es Ihrem Gegner dadurch, Sie zu überwältigen. Ein weiterer Fehler besteht darin, sich ausschließlich auf die eigene Kraft zu verlassen und nicht auf die richtige Technik. Der Einsatz von roher Gewalt funktioniert zwar gelegentlich, ermüdet Sie aber oft schnell und macht Sie für den nächsten Zug Ihres Gegners deutlich anfälliger.

Wie man Verletzungen vermeidet

Das Verletzungsrisiko ist beim Ringen sehr hoch. Üben Sie die richtigen Techniken und wärmen Sie sich vor dem Kampf auf, um Verletzungen zu vermeiden. Vermeiden Sie es beim Durchführen von Ausweichmanövern, den Rücken zu krümmen oder den Nacken zu verdrehen - bei all diesen Bewegungen kann es zu Verletzungen kommen. Und schließlich ist es wichtig zu wissen, wann Sie aufgeben sollten. Obwohl das Aufgeben als Zeichen von Schwäche angesehen werden kann, ist es klug, den Körper vor unnötigem Schaden zu bewahren.

Aber das Ausweichen beim Ringen ist nicht nur eine Fähigkeit, die Ihnen dabei hilft, Punkte zu erzielen, sondern auch eine Technik, die Ihren Gegner daran hindert, zu punkten. Es erfordert Geduld, Übung und ein feines Gespür für die Bewegungen Ihres Gegners. Wenn Sie die Ausweichmanöver jedoch meistern, können sie den Unterschied in einem Kampf ausmachen. Denken Sie daran, konzentriert zu bleiben, lassen Sie sich auf den Zug ein und stellen Sie die Sicherheit dabei an erste Stelle.

Wie man Wendebewegungen beim Ringen meistert

Um Wendebewegungen zu meistern, müssen Sie die Züge Ihres Gegners vorhersehen können.

Das Ringen ist ein hochtechnischer Kampfsport, bei dem Muskelkraft, Schnelligkeit, Beweglichkeit und strategisches Denken gefragt sind. Einer der wichtigsten Aspekte des Ringens besteht in der Fähigkeit, die Bewegungen des Gegners umzukehren. Diese Technik ist für die Selbstverteidigung unerlässlich und kann Ihnen gegenüber Ihrem Gegner einen erheblichen Vorteil bringen. Dieser Textabschnitt befasst sich mit der Kunst des Wendens der gegnerischen Angriffe und behandelt alles, einschließlich des richtigen Erkennens der gegnerischen Bewegung, der Durchführung der Wendebewegungen, des Vermeidens häufiger Fehler und des Schutzes vor Verletzungen.

Wie man den nächsten Zug des Gegners erkennt

Bevor Sie eine erfolgreiche Wendebewegung beim Ringen durchführen können, müssen Sie die Bewegung Ihres Gegners richtig erkennen. Zu den Standardbewegungen der Ringer gehören der Takedown mit zwei Beinen, der Takedown mit einem Bein oder der Takedown mithilfe eines Ausfallschritts. Der Schlüssel zum Ausweichen von gegnerischen Bewegungen liegt in der Analyse von dessen Position, der richtigen Hebelwirkung und dem Schwung Ihres Gegners. Lernen Sie die verschiedenen Ringkampftechniken, Übungen und Sparringkampfübungen mit erfahrenen Ringkämpfern.

Die Wendebewegung umsetzen

Sobald Sie die Bewegung Ihres Gegners richtig erkannt haben, wird das richtige Timing beim Absolvieren der Wende entscheidend. Zu den verschiedenen Wendetechniken beim Ringen gehören das Sit-Out und die Wechsel Wendebewegung, das sogenannte Granby Roll Reversal, der Hüftüberschlags Wendeversuch und der sogenannte Whizzer. Um einen Wendeversuch erfolgreich zu meistern, müssen Sie Ihre Kraft, Geschwindigkeit und Beweglichkeit einsetzen, um den Schwung Ihres Gegners zu kontern. Timing und Präzision sind dabei entscheidend für eine erfolgreiche Wende. All dies braucht Übung und Training, um schließlich die Kunst der Wendebewegung zu beherrschen. Lassen Sie sich also nicht entmutigen, wenn Sie anfangs Schwierigkeiten haben.

Häufige Fehler

Selbst erfahrene Ringer machen bei Wendeversuchen Fehler. Einer der häufigsten Fehler besteht darin, eine Wendebewegung vor dem richtigen Moment zu erzwingen. Ein weiterer Fehler passiert, wenn der Wendeversuch nicht zu Ende geführt wird, so dass Sie offen einem möglichen Gegenangriff ausgesetzt werden. Schließlich kann es vorkommen, dass Ringer zu viel Kraft anwenden und ihren Gegner verletzen, was wiederum zur Disqualifikation führen kann. Um Strafen oder Verletzungen zu vermeiden, ist es wichtig, dass Sie die Regeln und Vorschriften des Ringens kennenlernen.

Wie man Verletzungen vermeidet

Schließlich ist es wichtig, beim Durchführen eines Wendeversuches stets auf die eigene Deckung zu achten und Verletzungen zu vermeiden. Die richtige Technik, das nötige Krafttraining, die bedachte Ernährung und Strategien zur Vermeidung von Verletzungen tragen dazu bei, dass Sie sich selbst schützen. Bevor Sie eine Bewegung durchführen, sollten

Sie Ihre Muskeln dehnen und aufwärmen, um Verstauchungen und Zerrungen zu vermeiden. Achten Sie außerdem immer auf Ihren Körper und sprechen Sie mit Ihrem Trainer, wenn Sie Schmerzen oder Unwohlsein verspüren. Das Ringen ist ein körperlich anstrengender Sport, und es ist wichtig, dass Sie sich um Ihren Körper kümmern, um Ihre beste Leistung erbringen zu können.

Umdrehbewegungen gehören im Ringen zu den wichtigsten Manövern, da Sie, wenn Sie diese beherrschen lernen, dazu in der Lage sind, sich Ihrem Gegner gegenüber einen erheblichen Vorteil zu verschaffen. Um die Wendebewegung erfolgreich durchzuführen, müssen Sie die Bewegung Ihres Gegners erkennen, seine Körperposition und Hebelwirkungsfähigkeiten analysieren und sich mit Präzision und dem richtigen Timing bewegen. Vermeiden Sie häufige Fehler, wie z. B. den Versuch, die Wendebewegung zu früh zu erzwingen oder sie nicht ganz durchzuziehen. Achten Sie auf Ihre eigene Sicherheit und vermeiden Sie Verletzungen, indem Sie die richtigen Ringkampftechniken, das richtige Krafttraining und Strategien zur Verletzungsprävention anwenden. Mit der nötigen Übung und der Hingabe zum Sport können Sie den Ring dominieren und zu einem furchterregenden Gegner werden.

Kontern Sie die Bewegung Ihres Gegners effektiv

Sie müssen dazu in der Lage sein, die Züge Ihres Gegners schnell zu kontern.

Als Ringer müssen Sie versuchen, Ihren Gegner auf der Matte festzuhalten oder die meisten Punkte zu erzielen. Diese Ziele können Sie jedoch nur erreichen, wenn Sie schnell auf die Bewegungen und Konter Ihres Gegners reagieren. In diesem Abschnitt erfahren Sie, wie Sie die Bewegung Ihres Gegners richtig erkennen, den Konter durchführen, häufige Fehler vermeiden und Techniken zur Vermeidung von Verletzungen anwenden.

Wie man den Zug eines Gegners vorzeitig erkennt

Der Schlüssel zum Kontern eines gegnerischen Angriffs liegt darin, ihn frühzeitig zu erkennen. Deshalb ist es wichtig, dass Sie die Grundlagen des Ringens gut verstehen. Studieren Sie die Bewegungen Ihres Gegners während des Kampfes genau, indem Sie seine Position und Bewegungen intensiv beobachten. Achten Sie auf die subtilen Veränderungen in seiner Haltung oder Körperposition, denn diese können darauf hindeuten, welche Bewegung er als Nächstes durchführen möchte. Einige Ringer sind für ihre charakteristischen Bewegungen bekannt. Schauen Sie sich also Videos von ihren Kämpfen an, um sich mit deren Kampfstil vertraut zu machen. Das hilft Ihnen dabei, ihre Bewegungen zu erahnen und sie gegebenenfalls zu kontern, sodass Sie Ihre eigene Technik zur Vorbereitung auf den Kampf anpassen können.

Das richtige Kontern

Das erfolgreiche Kontern erfordert schnelle Reflexe, präzises Timing und die richtige Kampftechnik. Ihre Gegenbewegungen hängen von den Bewegungen, der Position und dem Ringkampfstil Ihres Gegners ab. Ein Standard-Gegenzug ist dabei beispielsweise ein „Switch", bei dem Sie schnell Ihre Position wechseln, um die Bewegung, die Ihr Gegner gerade durchgeführt hat, umzukehren. Beim sogenannten „Roll-out" handelt es sich um eine weitere Technik, bei dem Sie Ihren Schwung nutzen können, um sich aus dem Griff Ihres Gegners herauszurollen die Kontrolle des Kampfes übernehmen zu können. Sobald Sie die Bewegung Ihres Gegners erkannt haben, sollten Sie den Konter sofort durchführen. Es ist wichtig, dass Sie während des Konters selbstbewusst und entschlossen sind, denn ein Zögern kann Ihrem Gegner einen entscheidenden Vorteil verschaffen.

Häufige Fehler

Das Kontern einer gegnerischen Bewegung kann zwar aufregend und lohnend sein, kann aber auch zu Verletzungen führen, wenn man nicht auf die korrekte Technik achtet. Zu den Fehlern, die Ringer beim

Kontern machen, gehören unter anderem schlechtes Timing, eine unsaubere Technik und mangelnde Konzentration. Diese Fehler führen dazu, dass Sie die Kontrolle über den Kampf verlieren und es dem Gegner ermöglichen könnten, aus Ihrem Fehler Kapital zu schlagen. Um diese Fehler zu vermeiden, müssen Sie sich stets gut konzentriert und geduldig bleiben. Behalten Sie die Kontrolle über die Situation und geraten Sie niemals in Panik, da dies zu überstürzten Handlungen und technischen Fehlern führen kann. Nehmen Sie sich stattdessen Zeit, um den Konter mit der richtigen Technik und dem richtigen Timing durchzuführen.

Wie man Verletzungen vermeidet

Es ist wichtig, dass Sie beim Durchführen von Kontern auf Ihre Sicherheit achten. Viele Verletzungen, wie z. B. Verstauchungen, Brüche und Verrenkungen, sind die Folge von Kontern. Um diese Verletzungen zu vermeiden, müssen Sie sich vor dem Kampf aufwärmen, die richtige Technik anwenden und sich Ihre Flexibilität erhalten. Ein weiterer wichtiger Tipp ist die allmähliche Steigerung der Trainingsintensität, um eine Überanstrengung und Überlastung Ihrer Muskeln zu vermeiden. Wenn Sie Muskel- oder Gelenkschmerzen oder Unwohlsein verspüren, sollten Sie sofort aufhören und einen Arzt aufsuchen.

Um zu einem erfolgreichen Ringer zu werden, müssen Sie lernen, wie Sie die Bewegungen Ihres Gegners abfangen und kontern können. Dazu gehört auch, dass Sie die Bewegung Ihres Gegners erkennen, die Strategie richtig durchführen, häufige Fehler vermeiden und die Sicherheit in den Vordergrund stellen. Dieses Kapitel enthält Tipps und Techniken, die Ihnen dabei helfen, Ihre Fähigkeiten als Ringer zu verbessern. Denken Sie daran, dass Übung den Meister macht. Üben Sie also weiter und verbessern Sie Ihre Fähigkeiten, bis Sie Ihre Ziele erreicht haben.

Kapitel 6: Wendetechniken

Es gibt für Ringer nichts Befriedigenderes, als in einer kniffligen Situation zu landen und dieser durch ein perfektes Wendemanöver zu entkommen. Dadurch kann, was einst wie eine todsichere Niederlage aussah, durch die richtige Technik in einen glorreichen Triumph verwandelt werden. Es gibt verschiedene Arten von Wendetechniken: Sie können den Schwung Ihres Gegners ausnutzen oder Ihre Kraft einsetzen, um die Situation zu Ihren Gunsten zu wenden. Wie auch immer die Taktik aussieht, wichtig ist, dass Sie sich sicher sind, dass Sie die Taktik durchziehen können.

Der Aufbau eines Arsenals von Wendetechniken ist unerlässlich, um auf der Matte zu einer ernstzunehmenden Bedrohung zu werden. Machen Sie sich also dazu bereit, Ihre Ringfähigkeiten zu verbessern und Ihre Gegner zu dominieren. Dieses Kapitel befasst sich mit diversen Wendemanövern, von grundlegenden Wechseltechniken bis hin zu fortgeschrittenen offensiven Kontern. Sie lernen dadurch Strategien kennen, mit deren Hilfe Sie Ihren Gegner analysieren und die Oberhand gewinnen können.

Wechselmanöver

Beim Ringen geht es darum, Ihren Gegner zu überwältigen und dabei in Ihren Bewegungen wendig und schnell zu bleiben. Ein entscheidender Faktor beim Ringen ist der Wechsel zu einer günstigeren Position, wenn der Gegner Sie in einer kompromittierenden Lage erwischt hat. Wechselmanöver helfen Ringern, sich aus Haltegriffen und Sperren zu befreien und die Kontrolle über den Kampf zu erlangen. Dieser Abschnitt beschäftigt sich mit den verschiedenen Wechselmanövern und deren Anwendungen.

Was ist ein Wechselmanöver?

Wechselmanöver sind auch als „Switching" bekannt und beschreiben die Änderung von einer Körperposition von einem Griff oder einer Bewegung zu einer anderen. Das Switching ermöglicht es dem Ringer, sich aus dem Griff seines Gegners zu befreien und dadurch die Kontrolle zu erlangen. Ein Wechselmanöver kann auch dazu verwendet werden, einen Gegenangriff zu starten oder eine ähnliche Bewegung durchzuführen. Einer der häufigsten Wechselbewegungen im Ringen ist der „Sit Out"-Wechsel. Bei dieser Bewegung muss der Ringer sein Gewicht auf die Hüfte des Gegners verlagern, während er seinen Gegner zu sich zieht und sein Gewicht verlagert. Der Kämpfer muss seine Position wechseln und übernimmt so die Kontrolle von hinten, während der Gegner sich nach vorne bewegt.

Wie Sie sogenannte Body Locks rückgängig machen

Der Body Lock ist ein gängiges Manöver, bei dem der Gegner seine Arme um die Taille und die Schultern des Ringers schlingt, so dass es schwierig für den Kämpfer wird, den Oberkörper zu bewegen. Um sich aus diesem Griff zu befreien, können Ringer den sogenannten „Hüftüberschlag wechsel" anwenden. Bei diesem Manöver lässt der Ringer seine Hüften auf den Boden fallen, während er den Gegner zu sich zieht. Während der Gegner nach vorne fällt, verlagert der Ringer sein Gewicht und verschafft sich so eine günstige Angriffsposition. Der Hüftschwung kann auch zum Gegenangriff genutzt werden.

Dem Backbreaker entkommen

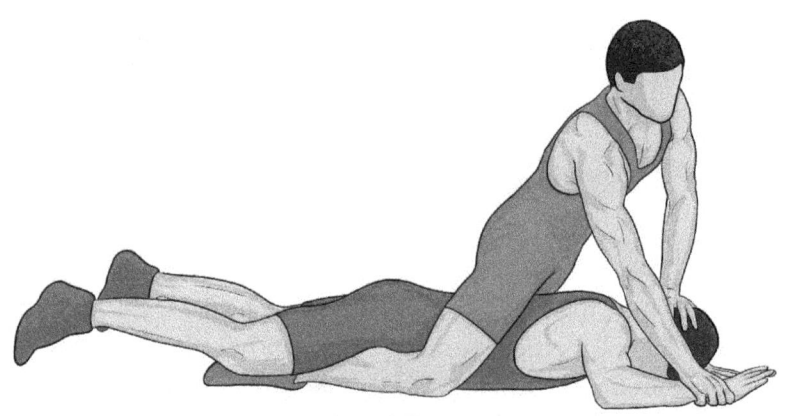

Mit dem sogenannten Grapevine Switch verschaffen Sie sich einen Vorteil.

Der Backbreaker ist ein schmerzhafter Griff, der Druck auf die Wirbelsäule und den Nacken des Ringers ausübt. Ringer können sich gegen den Griff wehren, indem Sie den „Grapevine"-Switch verwenden, um sich aus diesem Griff zu befreien. Bei diesem Manöver schlingt der Ringer sein Bein um das Bein des Gegners und dreht seinen Körper, um Druck auf das Knie und den Knöchel des Gegners auszuüben. Der Grapevine Switch dient als ein effektives Manöver, um sich aus dem Backbreaker Hold zu befreien und die Kontrolle über den Kampf zu übernehmen.

Dem Würgegriff entkommen

Das Entkommen mithilfe des Schwitzkastens ermöglicht es Ihnen, die Kontrolle zurückzuerlangen.

Beim Würgegriff handelt es sich um ein gefährliches Manöver, das die Luftzufuhr zur Lunge und zum Gehirn des Ringers einschränkt. Um sich aus diesem Griff zu befreien, können Ringer den „Schwitzkasten" einsetzen. Bei diesem Manöver schlingt der Ringer seinen Arm um den Hals des Gegners und bringt sein Gewicht nach unten. Dadurch wird der Griff des Gegners gelockert, so dass der Ringer sein Gewicht verlagern und die Kontrolle gewinnen kann. Der Schwitzkastenwechsel ist ein effektives Manöver, um sich aus Würgegriffen zu befreien und die Kontrolle über den Kampf zu übernehmen.

Dem Pin Hold entkommen

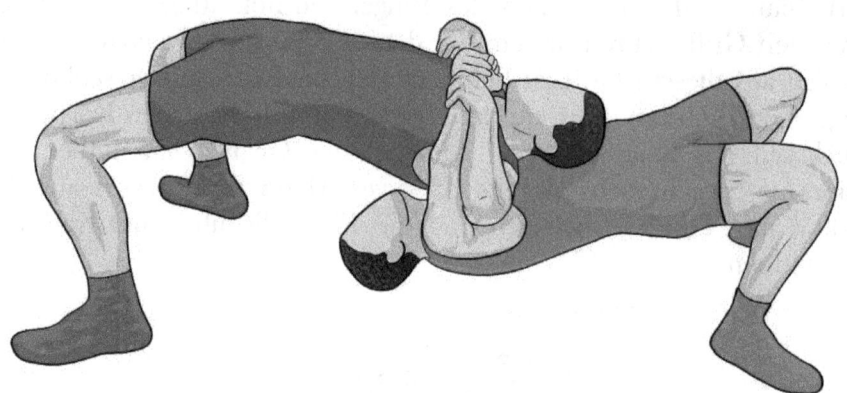

Mit einem Brückengriff können Sie einen Pin Hold abwenden.

Beim Pin Hold versucht der Gegner, die Schultern des Ringers auf der Matte festzuhalten, und dort mindestens drei Sekunden lang zu verharren. Ringer können sich mit dem „Brückengiff" aus dieser Position befreien. Dazu verlagert der Ringer sein Gewicht auf die Füße und dreht seinen Körper auf die Schultern, so dass er das Gewicht des Gegners mit anheben kann. Der Ringer verlagert sein Gewicht auf die Füße und bringt sich in eine günstige Position, um einen Angriff zu initiieren. Der Brückengriff oder sogenannte Bridge Switch bietet den Kämpfern eine effektive Möglichkeit, um aus den Pin Holds zu entkommen und die Kontrolle über den Kampf zu übernehmen.

Ausweichmanöver sind ein weiterer wichtiger Aspekt des Ringens. Sie können mithilfe dieser den Ausgang eines Kampfes verändern und dem Ringer einen Vorteil verschaffen. Wenn Sie die verschiedenen Ausweichmanöver und ihre Anwendungen verstehen, können Sie Ihre Fähigkeiten und Techniken entsprechend verbessern.

Übergangsmanöver

Ringer sind immer auf der Suche nach Möglichkeiten danach, ihre Gegner im Kampf zu überlisten. Die Fähigkeit, nahtlos von einer Bewegung zur anderen überzugehen, ist dabei entscheidend, um sich einen Vorteil gegenüber seinem Gegner zu verschaffen. Übergangsbewegungen verbinden verschiedene Ringkampftechniken miteinander, die, wenn sie richtig durchgeführt werden, einen bedeutenden Unterschied für den Ausgang eines Kampfes zur Folge haben können.

In diesem Abschnitt werden drei Übergangsmanöver besprochen, die Sie zu einem besseren Ringer machen. Zu diesen Bewegungen gehören die Umkehr zur Brücke, die Flucht durch die Rolle und der Wendeschwung. Jede der Bewegungen erfordert Präzision und Timing, kann aber mit gezieltem Training souverän gemeistert werden.

Wende zur Brücke

Die Wende zur Brücke ist eine großartige Übergangsbewegung, da sie dem Kämpfer das Kontern eines gegnerischen Takedown-Versuchs ermöglicht. Begeben Sie sich dazu in eine sitzende Position, während Ihr Gegner auf Ihnen liegt, und drücken Sie eine Ihrer Schultern auf die Matte. Drücken Sie von hier aus die Schulter, die nicht festgehalten wird, nach oben und wölben Sie gleichzeitig Ihren Rücken, um Ihren Gegner über Ihren Körper auf den Rücken zu rollen.

Sie können eine Brücke machen und angreifen, sobald Ihr Gegner auf der Matte liegt. Das Timing ist entscheidend, um diese Bewegung erfolgreich zu absolvieren. Sie sollten die Bewegung einleiten, sobald Sie spüren, dass sich der Griff Ihres Gegners lockert, selbst wenn die Veränderung minimal ist. Es ist hilfreich, wenn Sie Ihren Kopf in Richtung der freien Schulter bewegen, um sich selbst einen längeren Hebel zu verschaffen.

Flucht durch die Rolle

Mit der Flucht durch die Rolle entkommen Sie dem seitlichen Griff des Gegners.

Bei der Flucht durch die Rolle handelt es sich um eine weitere hervorragende Übergangsbewegung, die Ihnen dabei hilft, der seitlichen Kontrolle Ihres Gegners zu entkommen. Schaffen Sie zunächst Platz zwischen sich selbst und Ihrem Gegner. Drehen Sie sich dann auf die Seite, weg von der Brust Ihres Gegners, und bringen Sie Ihr Knie zu Ihrer Brust, während Sie mit der anderen Hand nach Ihrem Knöchel greifen. Nutzen Sie diesen Schwung, um sich auf den Rücken zu rollen und Ihr Knie in Richtung Ihres Gegners zu bewegen.

Sobald Sie sich in einer günstigeren Position befinden, können Sie angreifen. Das Wichtigste bei dieser Bewegung ist es, Ihren Schwung zu nutzen und dabei entspannt zu bleiben. Die Rolle sollte mit glatten und fließenden Bewegungen durchgeführt werden, fast wie eine Art Tanz. Es ist wichtig, dass Sie Ihre Bewegungen kontrollieren, damit Sie Ihrem Gegner keine Gelegenheit geben, daraus Kapital zu schlagen.

Momentum nutzen, um die Bewegung umzukehren
Mithilfe des Schwungs nach einer Rückwärtsbewegung lässt sich ein Konterangriff als Teil einer Übergangsbewegung gegen den Gegner durchführen. Nehmen Sie dazu eine defensive Position ein und warten Sie auf den Angriff Ihres Gegners. Wenn er auf Sie zukommt, nutzen Sie seinen Schwung gegen ihn, indem Sie ihm ausweichen und ihn dann nach vorne ziehen, so dass er das Gleichgewicht verliert. Nutzen Sie dann Ihren Schwung, um die Position umzukehren und Ihren Gegner anzugreifen. Diese Bewegung erfordert exzellentes Timing und ein hohes Maß an Aufmerksamkeit. Es ist wichtig zu wissen, wann Ihr Gegner zum Angriff ansetzt, und dann die nötigen Reflexe zu haben, um schnell auf den Angriff zu reagieren. Lassen Sie Ihren Körperschwerpunkt niedrig und entspannt und nutzen Sie die Kraft Ihres Gegners gegen ihn, um die Oberhand zu gewinnen.

Übergangsmanöver sind ein wesentlicher Bestandteil des Ringens, denn sie verschaffen Ihnen einen strategischen Vorteil gegenüber Ihrem Gegner. Die drei in diesem Abschnitt besprochenen Bewegungen, die Wende der Brücke, die Flucht durch die Rolle und der Schwung zur Wende des Angriffs, sind effektive Übergangsmanöver, die Ihnen dabei helfen, ein besserer Ringer zu werden.

Offensive Manöver

Ob Sie nun ein Anfänger oder ein erfahrener Ringer sind, das Erlernen von Offensivmanövern kann Ihnen einen Vorteil verschaffen, um den Kampf zu dominieren. In diesem Abschnitt werden drei effektive Offensivmanöver besprochen, die Ringer einsetzen, um sich in Kämpfen einen Vorteil zu verschaffen. Zu diesen Manövern gehört es, den Schwung des Gegners gegen ihn zu nutzen, Wendeschwünge und Slams durchzuführen und Wendekonter zu vollziehen.

Das Momentum des Gegners gegen ihn einsetzen

Das erste offensive Manöver besteht darin, den Schwung des Gegners gegen ihn einzusetzen. Bei dieser Technik müssen Sie die Bewegungen Ihres Gegners genau beobachten und seine nächste Bewegung vorhersehen. Das Ziel ist es dabei, die Energie Ihres Gegners zu Ihrem Vorteil zu nutzen, indem Sie sie umleiten und ihn zu Fall bringen. Wenn Ihr Gegner zum Beispiel nach vorne stürmt, treten Sie zur Seite, ergreifen Sie seinen Arm und nutzen den Schwung, um ihn über Ihre Schulter zu werfen. Diese Bewegung ist auch unter dem Namen Hüftüberschlag bekannt.

Eine weitere Bewegung, die diese Technik einsetzt, ist der Armzug. Greifen Sie nach dem Arm Ihres Gegners und ziehen Sie ihn an sich vorbei. Wenn er sich dann nach vorne bewegt, treten Sie zur Seite und nutzen Sie seinen Schwung, um seinen Körper zu drehen und ihn zu Boden zu bringen.

Offensive mit Sweeps und Slams

Das zweite Offensivmanöver ist der sogenannte „Reversal Sweep" und Slam. Diese Technik kontert den Takedown Versuch Ihres Gegners, indem Sie schnell zu Ihrem eigenen Takedown übergehen. Wenn Ihr Gegner zum Beispiel einen Takedown mit einem Bein versucht, können Sie schnell Ihr Gewicht verlagern und ihn mit einem Hüftwurf zu Boden bringen. Diese Bewegung erfordert viel Geschwindigkeit und Gleichgewicht, kann aber, wenn sie richtig angewandt wird, verheerend sein. Eine weitere Bewegung, die diese Technik nutzt, ist der Armzug-Takedown. Greifen Sie dabei nach dem Arm Ihres Gegners und nutzen Sie dessen Schwung, um ihn zu Boden zu werfen.

Sprawling-Konter

Das dritte offensive Manöver ist der Wendekonter. Bei dieser Bewegung müssen Sie den Takedown-Versuch Ihres Gegners vorhersehen und ihn gegen ihn verwenden. Wenn Ihr Gegner z.B. einen Takedown mit zwei Beinen versucht, weichen Sie ihm aus und nutzen Sie seinen Schwung, um ihn zu Boden zu bringen. Diese Bewegung wird als Sprawling-Konter bezeichnet und ist eine der effektivsten Bewegungen im Ringen. Eine weitere Bewegung, die diese Technik nutzt, ist der sogenannte Switch. Beginnen Sie auf dem Rücken und benutzen Sie Ihr Bein, um Ihren Gegner in dieser Bewegung zu fangen. Wenn er sich dann nach vorne bewegt, drehen Sie sich schnell um und bringen Sie ihn zu Fall.

Offensive Manöver sind beim Ringen unerlässlich. Sie können den Schwung des Gegners gegen ihn nutzen, Wendeschwünge und Slams durchführen und Wendekonter durchzuführen sind drei effektive Möglichkeiten, um den Sport zu dominieren. Der Schlüssel zur Beherrschung dieser Manöver liegt darin, sie regelmäßig zu üben, und genau auf die Bewegungen Ihres Gegners zu achten. Wenn Sie diese offensiven Techniken mit in Ihr Arsenal aufnehmen, sind Sie auf dem besten Weg, um zu einem dominanten Ringer zu werden.

Wendestrategien

Das Ringen, die älteste Sportart der Welt, ist mehr als nur ein Wettkampf, bei dem es um körperliche Kraft geht. Bei dem Sport geht es um Intelligenz und Strategie, weswegen die besten Ringer immer die Bewegungen ihres Gegners beobachten. Wenn Sie sich mitten in einem Kampf befinden, müssen Sie ruhig und geduldig sein, egal ob Sie im Kampf die Ober- oder die Unterhand haben. Wendemanöver können Sie in kürzester Zeit vom Außenseiter zum Gewinner machen. Wenn Sie solide Wendestrategien entwickeln, können Sie schnell wieder die Kontrolle übernehmen und Ihren Gegner verwirrt und gestresst zurücklassen. Dieser Textabschnitt befasst sich mit der Kunst der Wendemanöver im Ringen und behandelt drei wichtige Techniken, um sie zu meistern.

Die Grundlagen beherrschen

Der erste Schritt, wenn es um die Kunst des Wendens geht, ist das Erlernen der Grundlagen. Ein solides Verständnis der grundlegenden Bewegungen und Techniken, wie z. B. des Hüftüberschlags, der Granby

Rolle, des Wechsels und des Sit-out, sind die Eckpfeiler für die Entwicklung einer effektiven Wendestrategie. Üben Sie diese Grundlagen täglich auf einer Matte. Wendetechniken erfordern blitzschnelle Reaktionen und Timing. Wenn Sie sicherstellen, dass diese Bewegungen für Sie ganz natürlich werden, haben Sie einen entscheidenden Vorteil. Außerdem ist es wichtig, dass Sie an Ihrer Griffstärke arbeiten. Ein fester Griff hilft Ihnen dabei, Ihren Gegner während des gesamten Kampfes zu kontrollieren.

Die Entwicklung von Gegenangriffen

Ein Gegenangriff ist eine offensive Bewegung, die dazu dient, die Aggression oder den Angriff des Gegners abzuwehren und umzulenken. Die Entwicklung dieser Gegenangriffe ist während eines Ringkampfes äußerst effektiv. Machen Sie sich zunächst mit den Bewegungen Ihres Gegners vertraut, antizipieren Sie seine nächsten Schritte und bereiten Sie Ihren Gegenangriff vor. Konterstrategien wie die Peterson- und Granby-Rolle dienen als Beispiele für effektive Gegenangriffe, die Sie erlernen sollten.

Arbeiten Sie an Ihrem Timing und an der richtigen Durchführung

Das Timing ist beim Ringen von entscheidender Bedeutung. Das Gleiche gilt für Wendestrategien. Der Ringer, der besonders schnell von der Verteidigung in die Offensive wechseln kann, wird höchstwahrscheinlich gewinnen. Wenn Sie eine Wendebewegung anstreben, müssen Sie sich auf ein exzellentes Timing und eine sorgfältige Durchführung der Bewegungen verlassen. Seien Sie geduldig, antizipieren Sie die Bewegungen Ihres Gegners und wählen Sie die effektivste Wendestrategie zum richtigen Zeitpunkt. Denken Sie stets daran: Timing ist alles.

Mentale Widerstandsfähigkeit entwickeln

Gute Ringer verfügen über eine herausragende mentale Stärke - sie lassen sich von den Bewegungen ihres Gegners nicht beeinflussen. Stattdessen nutzen sie diese zu ihrem Vorteil. Daher sind sie auch unter Druck ruhig und gelassen und können Kämpfe schnell entscheiden. Um mentale Stärke zu entwickeln, müssen Sie ständig üben und Selbstvertrauen aufbauen. Die Teilnahme an Ringturnieren und die Konfrontation mit harten Gegnern bieten Ihnen eine gute Möglichkeit, um Erfahrungen zu sammeln und mentale Stärke aufzubauen.

Analysieren Sie Ihren Gegner

Beim Ringen muss man seinen Gegner richtig einschätzen, bevor man den nächsten Zug machen kann. Ringer müssen ihre Stärken nutzen und die Schwächen ihres Gegners ausnutzen, um sich einen Vorteil zu verschaffen. Daher ist es am besten, wenn Sie die Bewegungen, das Timing und die Tendenzen Ihres Gegners kennen, um Ihre Züge richtig zu planen. Die Analyse Ihres Gegners ist entscheidend für einen Sieg im Ring. In diesem Abschnitt finden Sie einige wichtige Tipps, die Ihnen zum Erfolg auf der Matte verhelfen können.

Schwachstellen erkennen

Der erste Schritt zur erfolgreichen Analyse Ihres Gegners besteht darin, seine Schwächen zu erkennen. Jeder Ringer hat seine Stärken und Schwächen, einschließlich Ihres Gegners. Achten Sie darauf, wie er sich bewegt, auf seinen Körperbau, seine Position und seinen Stil. Sie können erkennen, ob er Probleme mit Takedowns, Befreiungsversuchen oder Pins hat. Wenn Sie seine Schwächen kennen, können Sie strategische Manöver planen, die auf diese Schwachstellen abzielen. Bauen Sie dann Ihre Kampfstrategie auf der Grundlage der Schwächen Ihres Gegners auf und versuchen Sie, ihn zu überlisten.

Auf der Suche nach strategischen Gelegenheiten

Wenn Sie die Schwächen Ihres Gegners erkennen können, ermöglicht Ihnen dies, nach Gelegenheiten zu suchen, um Ihre Stärken einzusetzen. Beobachten Sie Ihren Gegner beim Aufwärmen oder zu Beginn des Kampfes. Studieren Sie seine Beinarbeit und sein Timing, um seine Züge vorherzusehen und Gegenzüge zu planen. Bedenken Sie stets, dass sich während eines Kampfes jederzeit neue Gelegenheiten ergeben können, also seien Sie wachsam und ständig dazu bereit, Ihre Strategie anzupassen.

Verteidigungstaktiken anwenden

Sie müssen lernen, sich gegen die Angriffe Ihres Gegners zu verteidigen. Der Selbstschutz ist ebenso wichtig wie die richtigen Takedowns. Studieren Sie die Technik Ihres Gegners und lernen Sie erkennen, wann Sie verwundbar sind. Ihr Gegner wird die beobachteten Schwächen wahrscheinlich ausnutzen, also üben Sie, seine Angriffe zu kontern und in der Offensive zu bleiben.

Ausdauer demonstrieren

Ausdauer ist für Ringer, die Ihre Kämpfe gewinnen wollen, unerlässlich. Ihre Fähigkeit, während des gesamten Kampfes Höchstleistungen zu erbringen, hängt stark von Ihrer Fitness ab. Ein Mangel an Ausdauer und Kraft wird Ihre Siegchancen fast sofort zunichtemachen. Halten Sie daher Ihr Training aufrecht, um Ihre Energie und Konzentration für den gesamten Kampf aufrechtzuerhalten.

Umdrehungen sind für den Spielplan eines Ringers unerlässlich; Sie erfordern eine umfassende Strategie, um sie zu meistern. Mit Übung, einer soliden Grundlage, der Entwicklung von Gegenangriffen und einem guten Gefühl für Timing und Implementation können Sie Ihren Gegner jedoch schnell überlisten. Arbeiten Sie an der Perfektionierung Ihrer grundlegenden Bewegungen, studieren Sie die Bewegungen Ihres Gegners, machen Sie sich mit Ihren Kontertechniken vertraut und bauen Sie körperliche und geistige Widerstandsfähigkeit auf. Denken Sie daran, dass jede Sekunde eines Kampfes Ihnen eine Chance bietet; und mit der richtigen Strategie können Sie Ihren Gegner besiegen.

Kapitel 7: Entkommenstechniken

Es geht nichts über die aufregende Intensität eines Ringkampfes. Wenn Sie Ihre Gegner in einem Clinch festhalten, ist das Einzige, an das Sie denken können, einen möglichen Ausweg zu finden. Daher sind Fluchttechniken von größter Bedeutung. Mit diesen Techniken können Sie sich aus dem Griff Ihres Gegners befreien und sich einen Vorteil verschaffen. Als Ringer ist die Beherrschung von Fluchttechniken für Sie unerlässlich, um an die Spitze zu gelangen. Die besten Ringer sind in der Lage, den Schwung ihres Gegners gegen ihn einzusetzen, indem sie ihr Körpergewicht und ihre Hebelkraft einsetzen, um im Kampf die Oberhand zu gewinnen. Aber es geht nicht nur um rohe Kraft. Es geht um Strategie, Instinkte und schnelle Reflexe.

Mit den richtigen Fluchttechniken kann jeder den Spieß im Kampf umdrehen und sich den Sieg erringen. Dieses Kapitel befasst sich mit verschiedenen Fluchttechniken und damit, wie Sie diese effektiv einsetzen können. Es erläutert Verteidigungstechniken und Tipps dazu, wie Sie die Effizienz Ihrer Flucht steigern können. Wenn Sie also bereit sind, Ihre Ringfähigkeiten zu verbessern, dann fangen Sie an, diese Ausweichmanöver zu meistern und zeigen Sie Ihren Gegnern, wer der Boss ist.

Angriffen aus erhobener Position entfliehen

Ringen erfordert körperliches Geschick, mentale Stärke und ein gutes Verständnis der verschiedenen Kampftechniken. Egal, ob Sie ein Anfänger oder ein fortgeschrittener Ringer sind, die Beherrschung der verschiedenen Befreiungstechniken, um schwierigen Situationen zu entkommen, ist entscheidend. Zum Beispiel, wenn Ihr Gegner Sie aus der Oberhand durch einen Takedown oder eine Pinn-Kombination erwischt. Dieser Abschnitt befasst sich mit Fluchtmöglichkeiten, wenn Sie aus einer eröhten Position aus angegriffen werden und die Kontrolle über den Kampf zurückgewinnen müssen.

Dem Overhook entkommen

Das Entkommen aus dem Overhook kann eine Herausforderung sein.

Wenn Ihr Gegner einen Overhook einsetzt, kann es schwierig sein, sich von dessen Griff zu befreien. Die beste Möglichkeit, um sich aus einem Überhaken zu befreien, ist die Overhook Handgelenkskontrolle. Bewegen Sie zunächst Ihren Arm unter den Arm Ihres Gegners und fassen Sie an sein Handgelenk, damit Sie eine bessere Hebelwirkung ausüben und ihn unter Kontrolle bringen können. Drücken Sie mit dem anderen Arm auf die Schulter des Gegners und drehen Sie ihn auf die Matte. Gleiten Sie nun mit Ihrem Körper weg und nehmen Sie eine neutrale Position ein. Diese Technik hilft Ihnen dabei, sich aus dem Overhook Griff Ihres Gegners zu befreien und wieder ins Spiel zu kommen.

Dem Underhook entkommen

Das Entkommen aus dem Underhook ist effektiv, um Ihren Gegner zu Boden zu bringen.

Wenn Ihr Gegner einen starken Underhook ausüben kann, können Sie einige Techniken anwenden, um ihm zu entkommen. Eine der effektivsten Strategien um einem Griff zu entkommen ist der sogenannte *Whizzer*. Greifen Sie zunächst mit einer Hand nach dem Handgelenk Ihres Gegners und mit der anderen nach seinem Trizeps. Drücken Sie dann den Arm Ihres Gegners nach oben und außen, während Sie Ihren Körper von ihm wegdrehen, so dass Sie genug Platz haben, um zu entkommen und die Kontrolle über Ihre Position zu erlangen. Üben Sie diese Technik so lange, bis Sie sie während eines Kampfes mühelos durchführen können.

Befreiung aus dem Schwitzkasten

Ein Schwitzkasten kann schnell in einen Pin verwandelt werden.

Ein Schwitzkasten ist eine gefährliche Position, die schnell zu einem Pin eskaliert werden kann. Wenn Sie sich in einem Schwitzkasten befinden, dürfen Sie nicht in Panik geraten. Wenden Sie stattdessen die Wechselstrategie an, um zu entkommen. Fassen Sie mit einer Hand an den Ellbogen Ihres Gegners und mit der anderen an das gegenüberliegende Handgelenk. Rollen Sie nun auf den gefangenen Arm zu und schaffen Sie mit Ihren Beinen Platz. Sobald Sie sich aus dem Schwitzkasten befreit haben, kommen Sie wieder auf die Beine und setzen Sie Ihre Techniken ein, um die Kontrolle über den Kampf zu übernehmen. Mit genügend Übung wird Ihnen die Wechseltechnik zunehmend vertrauter vorkommen.

Bear Hug entkommen

Ein Bear Hug kann sehr gefährlich sein, wenn Sie ihm nicht entkommen können.

Ein Bear Hug kann tödlich sein, wenn Sie nicht wissen, wie Sie sich aus der Angriffsposition befreien können. Um sich aus dem Griff zu befreien, müssen Sie zunächst Ihre Arme so fest wie möglich um die Taille Ihres Gegners legen, um ihn daran zu hindern, seinen Griff um Sie zu verstärken. Lassen Sie nun Ihr Gewicht fallen und heben Sie Ihren Gegner mit den Beinen von der Matte hoch. Drehen Sie Ihren Körper, während Sie sich nach unten fallen lassen, um genügend Platz zu schaffen, um sich aus der Umarmung zu befreien. Sobald Sie sich befreit haben, sollten Sie die Ermüdung Ihres Gegners ausnutzen, um die Kontrolle über den Kampf zurückzugewinnen.

Dem Waist Lock entkommen

Es kann schwierig sein, sich aus dem Waist Lock oder Taillengriff zu befreien, aber es ist nicht unmöglich. Sie können die „Granby Roll"-Technik anwenden, um sich zu befreien. Ziehen Sie dazu den Kopf ein und rollen Sie Ihren Körper auf die Seite des Waist Locks. Greifen Sie dabei nach den Knöcheln Ihres Gegners und ziehen Sie ihn zu sich heran. Das lockert den Griff um Ihre Taille, so dass Sie sich wegbewegen und die Kontrolle zurückgewinnen können. Sobald Sie entkommen sind, können Sie mit Ihren Techniken die Kontrolle über den Kampf gewinnen.

Wenn Sie in einer erhobenen Position festgehalten werden, kann dies entmutigend sein, aber mit diesen effektiven Entkommensstrategien ist es einfacher für Sie, die Kontrolle über den Kampf zurückzugewinnen. Das Beherrschen dieser Ausweichmanöver aus einer Oberhandsposition erfordert Übung, aber mit harter Arbeit und Hingabe können Sie sich an das Bewegungsmuster gewöhnen. Wenn Sie wissen, wie Sie sich aus den Griffen Ihres Gegners befreien können, kann sich das Blatt in einem Ringkampf zu Ihren Gunsten wenden. Wenn Sie diese Entkommensmanöver aus der erhobenen Position heraus in Ihrem Arsenal haben, sind Sie gut gerüstet, um selbst mit den stärksten Gegnern fertig zu werden.

Aus der niedrigeren Position entkommen

Das Ringen ist ein herausfordernder und körperlich hochintensiver Sport, der ein hohes Maß an Können erfordert, um einen Gegner zu dominieren. Er kombiniert Technik, Kraft und Ausdauer und erfordert ständiges Training. Die Bodenlage ist eine der schwierigsten Positionen beim Ringen und es ist schwierig, sich aus dieser Situation zu befreien. In diesem Abschnitt geht es um effektive Entkommensstrategien, die Ringer nutzen können, um der Bodenlage zu entkommen, um sich aus dieser Position zu befreien.

Der Granby Rolle entkommen

Die Granby Rolle ist effektiv, wenn man aus der unteren Position aus entkommen muss.

Die Granby Rolle ist einer der häufigsten Ausbrüche aus der Bodenlage im Ringen. Sie erfordert Schnelligkeit, Flexibilität und Koordination. Die Granby Rolle beginnt damit, dass der Ringer in der Bodenlage eine Rolle einleitet, während er das Gewicht seines Gegners von sich weg hält. Die Ringer sollten ihre Hände benutzen, um das Gewicht abzuwehren, während sie sich in die entgegengesetzte Richtung rollen. Sobald die Rolle beendet ist, muss der Ringer Abstand zu seinem Gegner gewinnen. Die Granby Rolle ist eine effektive Ausbruchstrategie, die den Ringern hilft, aus der Bodenlage in eine neutrale Position zurückzugelangen.

Switching Bases Entkommensstrategie

Ringer können die Switching Bases Strategie als weiteren effektiven Ausweg aus der Kontrolle ihres Gegners über die Bodenposition nutzen. Mithilfe dieses Entkommensmanövers verschafft sich der Ringer Abstand von seinem Gegner. Der Ringer in der Bodenlage sollte mit seinem Unterkörper gegen die Arme seines Gegners drücken, um sich eine Angriffsmöglichkeit zu schaffen. Sobald der Ringer sich Platz geschaffen hat, muss er seine Arme benutzen, um seine Ausgangsposition zu wechseln, und wieder auf die Beine zu kommen. Dieser Fluchtversuch ist effektiv, weil er es dem Ringer in der Bodenlage ermöglicht, sich schneller wieder von seinem Gegner zu befreien.

Dem Hüftüberschlag entkommen

Der Hüftüberschlag oder sogenannte Hip Heist bietet Ihnen eine weitere praktische Ausbruchmöglichkeit, um der Bodenposition zu entkommen, durch die der Ringer sich von seinem Gegner befreien kann. Der Ringer nutzt seine Hüften, um Platz zwischen sich und seinem Gegner zu schaffen. Der Ringer in der Bodenlage stützt sich mit den Händen auf der Matte ab und hebt seine Hüfte. Als Nächstes sollte der Ringer sein Gewicht auf eine Seite verlagern, während er das andere Bein nach hinten bewegt, um sich eine Möglichkeit zu schaffen, aus dem Griff zu entkommen. Mithilfe des Hip Heist können Ringer effektiv der Bodenhaltung entkommen und in eine neutrale Position zurückkehren.

Die Leg Lace Entkommensstrategie

Die Leg Lace Strategie bietet Ihnen eine weitere Bodenposition, die Ringer nutzen können, um der Kontrolle ihres Gegners zu entkommen. Der Ringer schafft dadurch Platz zwischen sich und seinem Gegner, indem er seine Beine zusammenschnürt oder zusammenbindet. Der Ringer am Boden legt seine Hände auf die Matte und schnürt seine Beine zusammen. Der Ringer hebt die Hüfte, um Platz zwischen sich und seinem Gegner zu schaffen. Sobald der Ringer sich ausreichend Platz geschaffen hat, benutzt er seine Arme, um seine Position zu ändern, und wieder auf die Beine zu kommen. Der Leg Lace ist eine effektive Entkommensstrategie und kann Ringern dabei helfen, schnell vom Boden zurück in eine neutrale Position zu gelangen.

Durch die Brücke entkommen

Die Brücke ist die letzte Bodenposition, die ein Ringer nutzen kann, um der Kontrolle seines Gegners zu entkommen. Der Ringer schafft dazu Raum zwischen sich und seinem Gegner, indem er eine Brücke in die entgegengesetzte Richtung von dem Körper des Gegners macht. Der Ringer stützt sich mit den Händen auf der Matte ab, wölbt den Rücken und hebt die Hüften. Dann benutzt der Ringer seine Hände und Füße, um sich von seinem Gegner zu entfernen. Sobald der Ringer sich den nötigen Platz geschaffen hat, benutzt er seine Arme, um seine Position zu wechseln, und wieder auf die Beine zu kommen. Die Brücke bietet Ihnen einen weiteren Ausweg, der Ringern hilft, schnell vom Boden hoch und zurück in eine neutrale Position zu gelangen.

Das Entkommen aus der Bodenlage ist eine Herausforderung, die Geschick und Training erfordert. Die Granby Rolle, Switching Bases und Hip Heists gehören zu den drei effektivsten Entkommensstrategien um aus der Bodenlage heraus und zurück zu einer neutralen Position zu kommen. Diese Bewegungen erfordern Schnelligkeit, Flexibilität und eine hervorragende Koordination. Sie helfen dem Ringer jedoch, sich der Kontrolle seines Gegners zu entziehen und wieder auf die Beine zu kommen. Diese Entkommensversuche brauchen Zeit und Übung, um sie zu perfektionieren, aber sie dienen auch als praktische Werkzeuge für Ringer, um einen Kampf zu gewinnen, wenn sie sie einmal beherrschen.

Verteidigungsstrategien

Das Ringen ist ein Sport, der offensive und defensive Fähigkeiten erfordert. Viele Ringer sind großartig darin, ihre Gegner anzugreifen, aber beim Ringen geht es auch darum, sich gegen die Angriffe des Gegners zu verteidigen. In diesem Abschnitt geht es um Verteidigungstechniken, die beim Ringen häufig verwendet werden. Zu diesen Techniken gehören beispielsweise die Schildkrötenverteidigung, der Reverse Motion Breakdown und der Whizzer Konter. Das Verständnis und die Beherrschung dieser Techniken sind für jeden Ringer, der sich in diesem Sport auszeichnen möchte, von entscheidender Bedeutung.

Schildkrötenverteidigung

Die Schildkrötenverteidigung macht es dem Gegner schwer, Sie anzugreifen.

Die Schildkrötenverteidigung ist eine Verteidigungstechnik, die Ringer anwenden, wenn ihr Gegner sie mit einem Takedown angreifen will. Um diese Technik durchzuführen, geht der Ringer in die Knie und legt seine Hände auf die Matte, so dass er eine schildkrötenartige Position einnimmt. In dieser Position ist es für den Gegner schwierig, den Kämpfer mit einem Takedown anzugreifen, da der Ringer nah am Boden liegt und sein Kopf dadurch geschützt ist. Die Schildkrötenverteidigung ist eine einfache, aber effektive Technik, die einen Ringer davor bewahren kann, von seinem Gegner zu Boden gebracht zu werden.

Rückwärtsbewegung Breakdown

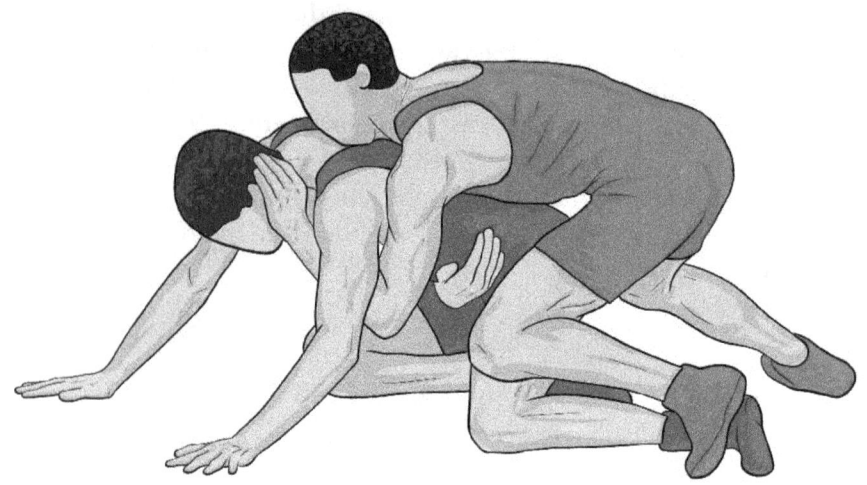

Die umgekehrte Bewegungsaufteilung verhindert, dass Ihre Gegner Punkte machen können.

Der Reverse Motion Breakdown ist eine Verteidigungstechnik, die von Ringern eingesetzt wird, wenn ihr Gegner sie am Boden kontrolliert. Wenn der Ringer das Gefühl hat, dass sein Gegner die Kontrolle erlangt hat, wendet er den Reverse Motion Breakdown an, um die Situation umzukehren. Um diese Bewegung auszuführen, rollt sich der Ringer schnell auf den Bauch und wieder auf den Rücken, wobei er seinen Gegner mitnimmt. So kann der Ringer in die neutrale Position zurückkehren und seinen Gegner daran hindern, Punkte zu erzielen.

Der Whizzer Konter

Der Whizzer Konter ist eine Verteidigungstechnik, die Ringer einsetzen, wenn ihr Gegner versucht, einen Takedown mit einem Bein durchzuführen. Um den Whizzer Konter zu meistern muss der Ringer mit seinem Arm den Kopf des Gegners nach unten drücken und gleichzeitig mit dem anderen Arm den Körper des Gegners umschlingen, um nach dessen Ellbogen zu greifen. Diese Bewegung ermöglicht es dem Ringer, sich aus dem Griff seines Gegners zu befreien und die Kontrolle über die Situation zu gewinnen. Der Whizzer Konter ist eine effektive Technik zur Verteidigung gegen einen Takedown mit einem Bein.

Um zu einem erfolgreichen Ringer werden zu können, ist es wichtig, dass Sie über ausgezeichnete Verteidigungsfähigkeiten verfügen. Die Schildkrötenverteidigung, die Wendebewegung und der Whizzer Konter gehören zu den Techniken, mit denen Sie sich gegen die Angriffe Ihres Gegners verteidigen können. Wenn Sie diese Techniken beherrschen und zu Ihrem Arsenal hinzufügen, erhöhen Sie dadurch Ihre Chancen, sich vor Angriffen zu schützen und Punkte zu erzielen, erheblich. Denken Sie daran, dass Ringen sowohl offensive als auch defensive Fähigkeiten erfordert und dass sich ein gut ausgebildeter Ringer in beiden Bereichen auszeichnen sollte.

Wie Sie die Effizienz der Entkommensmanöver erhöhen

Das Ringen ist ein anspruchsvoller und intensiver Sport voller zermürbender körperlicher Anforderungen und geistiger Herausforderungen. Eine der wichtigsten Fähigkeiten beim Ringen ist das Ausweichen, also die Fähigkeit, dem Gegner zu entkommen oder zu verhindern, dass man am Boden festgehalten wird. Die Entwicklung Ihrer Entkommensfähigkeiten kann den Unterschied zwischen Sieg und Niederlage bei einem Kampf ausmachen. Dieser Abschnitt befasst sich mit den drei wichtigsten Dingen, mit denen Sie Ihre Ausbruchsfähigkeiten verbessern können: Übung und Wiederholung, der richtigen Körpermechanik und des Erkennens von Entkommensmöglichkeiten.

Training und Wiederholung

Die Konzentration auf Training durch regelmäßige Wiederholungen ist der erste Schlüssel zur Verbesserung Ihrer Effizienz, wenn es um Entkommensversuche beim Ringen geht. Das Ausweichen ist eine Fähigkeit, die gelernt und geübt werden muss. Die Trainer sollten die Ringer bei jedem Training mit verschiedenen Techniken und Szenarien an der Befreiung arbeiten lassen. Die Ringer sollten auch eigenständig trainieren und sich die nötige Zeit nehmen, um bestimmte Techniken zu üben, bis sie ihnen zur zweiten Natur werden. Je mehr Sie eine bestimmte

Befreiungstechnik üben, desto sicherer und komfortabler können Sie sie später während eines Kampfes später anwenden.

Die richtige Körpermechanik

Die Konzentration auf die richtige Körpermechanik gilt als der zweite Schlüssel zur Verbesserung Ihrer Entkommensfähigkeiten. Bei Entkommensmanövern handelt es sich häufig um komplexe Bewegungen, bei denen Ihr ganzer Körper zum Einsatz kommt. Sie müssen Ihre Hüften, Knie und Schultern koordinieren und gleichzeitig einsetzen, um Ihren Körper erfolgreich zu manövrieren und Ihrem Gegner zu entkommen. Außerdem müssen Sie eine starke Rumpf- und Beinkraft entwickeln, damit die Flucht für Sie einfacher und effizienter wird. Zu einer korrekten Körpermechanik gehören außerdem eine gute Körperhaltung und Balance, damit Sie nicht steckenbleiben, sodass Sie sich nicht mehr bewegen können.

Das Erkennen von Fluchtmöglichkeiten

Der dritte Schlüssel zur Verbesserung Ihrer Entkommenskünste ist das Erkennen von Fluchtmöglichkeiten. Jeder Kampf ist anders, also müssen Sie dazu in der Lage sein, stets den richtigen Moment für eine Bewegung zu erkennen. Das erfordert Intelligenz, das Lesen der Bewegungen Ihres Gegners und das Vorhersehen seines nächsten Zuges. Am besten konzentrieren Sie sich darauf, eine Reihe von Ausweichmanövern zu entwickeln und gleichzeitig flexibel genug zu bleiben, um sich an den Kampfstil Ihres Gegners anzupassen. Seien Sie geduldig und halten Sie Ausschau nach dem richtigen Moment, um Ihren Kampfzug einzusetzen.

Neben der Konzentration auf diese drei Trainingsbereiche finden Sie im Folgenden noch einige andere Tipps, um Ihre Effizienz beim Entkommen zu verbessern. Erstens müssen Sie dazu aber Ihr Fitnessniveau aufrechterhalten, um während des gesamten Kampfes stark und beweglich zu bleiben. Üben Sie Visualisierungstechniken, die Ihnen dabei helfen, sich geistig auf Ausweichszenarien vorzubereiten. Schließlich gilt zu beachten, dass Sie sich nicht von Ihrem Ego davon abhalten lassen sollten, Ihre Fluchttechniken zu verbessern. Sie müssen dazu bereit sein, neue Techniken von Trainern, Teamkollegen und Gegnern zu erlernen.

Das Entkommen gilt im Ringen als grundlegende Fähigkeit, und die Verbesserung Ihrer Effizienz beim Entkommen kann Ihnen im Kampf einen Vorteil verschaffen. Daher müssen Sie sich auf das Üben konzentrieren und die Bewegungen mehrmals wiederholen, um die richtige Körpermechanik und das Erkennen von

Entkommensmöglichkeiten zu perfektionieren. Wenn Sie diese drei Dinge üben und die zusätzlichen Tipps beherzigen, werden Sie schnell zu einem besseren Ringer und zu einem erfolgreicheren Wettkämpfer. Denken Sie daran, dass jeder Kampf eine neue Herausforderung für Sie darstellt. Indem Sie Ihre Entkommenstechniken verbessern, sind Sie folglich besser für alles gerüstet, was auf Sie zukommt.

Kapitel 8: Pin-Kombinationen

Das Ringen ist eine Kunstform, bei der Kraft, Technik und Strategie zusammenkommen, um es dem Kämpfer zu ermöglichen, den Gegner auf der Matte festzuhalten. Als Ringer müssen Sie genau wissen, wie Sie Ihren Gegner zu Boden bringen, ihn kontrollieren und ihn schließlich auf die Matte legen können. Ein sogenannter Pin erfordert Übung, Disziplin und eine furchtlose Einstellung, all diese Voraussetzungen müssen erfüllt werden, um die Kunst des Ringens zu beherrschen. Aber wenn Sie sich diese Fähigkeiten erst einmal zu eigen gemacht haben, gibt es nichts Berauschenderes, als zu spüren, wie Ihr Gegner nachgibt und sich Ihrem geschickten Pin ergibt.

Das Ringen mit Pin-Kombinationen wird Ihnen helfen, zu einem besseren Kämpfer zu werden. [7]

Schnappen wir uns also unsere Trainingsklamotten, gehen wir auf die Matte und arbeiten wir daran, die verschiedenen Pin-Kombinationen zu perfektionieren, bis sie sich wie selbstverständlich anfühlen. Dieses Kapitel erklärt Ihnen die Grundlagen der Kombination von Bewegungen, die Sie zu einem geübten Ringer machen, und enthält Details dazu, wie man effektive Strategien einsetzt, um den Gegner auf die Matte zu pinnen. Das Kapitel behandelt Bewegungen zur Optimierung von Bewegungskombinationen und ausführliche strategische Hinweise, um diese effektiver zu machen. Dabei werden sowohl Kombinationen, die für Anfänger geeignet sind und auch Kampfmethoden für Fortgeschrittene werden erläutert.

Bewegungen zur Optimierung von Bewegungsabläufen

Einer der Schlüssel zum Erfolg liegt beim Ringen in der Kombination verschiedener Techniken, die dazu dienen, Ihren Gegner nahtlos und effektiv auszuschalten. Durch die Kombination verschiedener Techniken können Ringer in einem Kampf die Oberhand gewinnen und schließlich als Sieger aus dem Wettkampf hervorgehen. Dieser Abschnitt erklärt die Bewegungen, die Ringern dabei helfen, ihre Bewegungskombinationen zu optimieren, um so ihre Chancen auf einen erfolgreichen Wettkampf zu erhöhen. Er untersucht die Kombination von Schlägen und Pinhaltegriffen, sowie den fließenden Übergang zwischen den unterschiedlichen Bewegungen.

Der richtige Einsatz von Schlägen beim Angreifen

Schläge gelten als ein wesentlicher Bestandteil des Ringens und helfen Ihnen dabei, Ihren Gegner effektiv zu besiegen. Wenn sie kreativ miteinander kombiniert werden, können sie zu einer mächtigen Waffe in Ihrem Arsenal werden. Der Schlüssel zu einer effektiven Kombination von Schlägen liegt darin, dass Sie stets an Ihren nächsten Schritt denken. Sie können zum Beispiel einen Ellbogenschlag durchführen und dann nahtlos in einen doppelten Beinangriff übergehen, um Ihren Gegner zu Boden zu bringen. Eine weitere effektive Technik ist die Kombination eines geraden Schlags mit einem Angriff auf die Beine des Gegners. Dabei üben Sie einen Schlag aus, treten dann schnell hinter Ihren Gegner und ziehen sein Bein unter ihm weg. Diese Bewegungskombination überrascht den Gegner und bringt ihn so aus dem Gleichgewicht, was es Ihnen erlaubt, ihn zu Boden zu bringen.

Kombination Sperrgriffen und Haltepositionen

Sperrgriffe und Haltepositionen gehören zu den einflussreichsten Ringtechniken. Wenn man diese miteinander kombiniert, können sie sogar noch besser eingesetzt werden. Wenn Sie Sperrgriffe und eine Halteposition miteinander kombinieren wollen, müssen Sie zunächst das Handgelenk Ihres Gegners ergreifen, so dass Sie die Kontrolle über seinen Arm erhalten. Verwenden Sie dann diesen Griff, um den Arm Ihres Gegners zu blockieren und gleichzeitig hinter ihn zu gelangen, wodurch Sie sich in eine äußerst vorteilhafte Position bringen, in der Sie Ihren Gegner leicht zu Boden bringen können. Sie können alternativ auch einen sogenannten Half Nelson verwenden, um sich auf einen Zangengriff vorzubereiten. Bei dieser Technik halten Sie den Arm Ihres Gegners mit einem Half Nelson fest und rollen ihn dann mithilfe eines Zangengriffs auf den Rücken. Diese Technik erfordert viel Übung und Geschicklichkeit, kann aber in einem Kampf das Blatt effektiv wenden.

Zwischen den verschiedenen Manövern wechseln

Beim Ringen ist es entscheidend, dass die verschiedenen Bewegungen der Kämpfer nahtlos ineinander übergehen. Dazu Sie müssen die nächste Bewegung Ihres Gegners vorhersehen und Ihre Strategie schnell anpassen. Nehmen wir zum Beispiel an, Sie versuchen einen Takedown und Ihr Gegner kontert. In diesem Fall müssen Sie sofort zu einer anderen Bewegung übergehen, um die Kontrolle zu behalten. Ein weiterer wichtiger Faktor ist die Kombination von Bewegungen, die sich gegenseitig ergänzen. Sie können zum Beispiel einen Takedown mit zwei Beinen mit einer Kombination aus Jab und Kreuzschlag einleiten. Die Schlagkombination wird Ihren Gegner ablenken und Ihnen die Möglichkeit geben, den Takedown zu versuchen.

Strategien zum Einsatz wirksamer Schlagkombinationen

Das Ringen ist ein dynamischer und hochtechnischer Sport, der großes Geschick, Kraft und Ausdauer erfordert. Egal, ob Sie ein Anfänger oder bereits ein erfahrener Ringkämpfer sind, das Erlernen von Kombinationsbewegungen ist unerlässlich, um Ihre Fähigkeiten zu verbessern. Sie können wirksame Schlagkombinationen durch unterschiedliche Strategien entwickeln, aber alle Ansätze laufen auf drei entscheidende Grundprinzipien hinaus: die Schwächen und Stärken erkennen, aus den Schwächen Ihres Gegners Kapital schlagen und

Anpassungsfähigkeit entwickeln. In diesem Abschnitt gehen wir näher auf diese drei Strategien ein und geben Ihnen praktische Tipps dazu, wie Sie Ihre Leistung steigern können, um zu einem beeindruckenden Ringkämpfer zu werden.

Identifizieren von Schwächen und Stärken

Der erste Schritt zur Entwicklung effektiver Schlagkombinationen ist die Identifizierung Ihrer Stärken und Schwächen als Ringkämpfer. Die Analyse Ihrer Kampffähigkeiten hilft Ihnen dabei, die Bereiche zu erkennen, in denen Sie bereits überragend sind, und Bereiche, die Sie verbessern können. Dieses Wissen ist entscheidend, denn es ermöglicht es Ihnen, auf Ihren Stärken aufzubauen und Ihre Schwächen zu überwinden. Sobald Sie Ihre Stärken und Schwächen kennen, können Sie Ihr Training auf diese Bereiche abstimmen. Wenn Sie zum Beispiel im Stehen stärker sind als auf der Matte, sollten Sie sich mehr auf Ihr Bodentraining konzentrieren. Wenn es Ihnen an Ausdauer mangelt, sollten Sie mit Cardio-Übungen und Drills arbeiten, um Ihre Fitness zu verbessern.

Die Schwächen des Gegners nutzen

Die nächste Strategie besteht darin, sich auf die Schwächen Ihres Gegners zu konzentrieren. Mit zunehmender Erfahrung lernen Sie, dass jeder Ringer bestimmte Schwächen hat, die Sie ausnutzen können. Wenn Sie diese Schwächen erkennen, sei es nun ein Mangel an Ausdauer, ein schlechtes Gleichgewicht oder eine Anfälligkeit für bestimmte Bewegungen, verschaffen Sie sich dadurch einen erheblichen Vorteil. Eine Möglichkeit, diese Fähigkeit zu entwickeln, besteht darin, mehrere Kämpfe zu beobachten und den Ringkampfstil Ihres Gegners zu analysieren. Schauen Sie sich die Leistungen Ihres Gegners im Kampf gegen andere an und stellen Sie fest, ob er in bestimmten Bereichen Probleme hatte. Nutzen Sie dann dieses Wissen, um Bewegungen und Kombinationen zu entwickeln, die diese Schwächen effektiv ausnutzen und Ihren Gegner in die Defensive zwingen.

Entwicklung der Anpassungsfähigkeit

Die Anpassungsfähigkeit ist einer der wichtigsten Aspekte bei der Entwicklung effektiver Kombinationen. Beim Ringen handelt es sich um einen unvorhersehbaren Sport, bei dem Sie mitdenken und Ihre Strategie im Laufe des Kampfes anpassen müssen. Die Entwicklung von Anpassungsfähigkeit setzt voraus, dass Sie Situationen einzuschätzen und Ihren Spielplan entsprechend schnell zu ändern wissen. Eine der

Möglichkeiten, um an Ihrer Anpassungsfähigkeit zu arbeiten, besteht darin, Ihre Bewegungen ständig zu üben und regelmäßig zu verfeinern. Wenn Ihnen die Techniken vertrauter werden, können Sie mit verschiedenen Variationen experimentieren und neue Kombinationen kreieren. Diese Methode hilft Ihnen dabei, sich auf unerwartete Situationen vorzubereiten, und gibt Ihnen mehr Möglichkeiten, mit denen Sie während eines Kampfes arbeiten können.

Kombinationen, die Anfänger üben können

Um einen Ringkampf zu gewinnen, müssen Sie stärker als Ihr Gegner sein und die richtigen Techniken zum richtigen Zeitpunkt einzusetzen wissen. Sie können zum Beispiel versuchen, Ihre Technik zu verbessern, indem Sie Anfängerkombinationen üben. Diese Kombinationen beinhalten eine große Anzahl von Bewegungen, die Sie miteinander kombinieren können, um sich einen Vorteil gegenüber Ihrem Gegner zu verschaffen. In diesem Abschnitt werden einige grundlegende Kombinationen erzählt, die Anfänger üben sollten, um ihre Ringkampffähigkeiten zu verbessern.

Basisschlagkombinationen

Die Basisschlagkombinationen sind beim Ringen unerlässlich. Dazu setzen Sie verschiedene Schläge ein, um sich Angriffsmöglichkeiten in der Deckung Ihres Gegners zu schaffen und diese dann mit Takedowns oder Würfen auszunutzen. Zu den grundlegenden Schlagkombinationen gehören der Kreuzschlag, der Uppercut und die rechte Überhand.

- Beim Kreuzschlag handelt es sich um eine Standardkombination, mit der Sie Abstand zu Ihrem Gegner gewinnen und richtig zuschlagen können. Der Jab ist ein schneller, kräftiger Schlag, der auf das Gesicht oder den Körper des Gegners abzielt. Der Kreuzschlaf wird in einer geraden Linie durchgeführt, die auf das Kinn und die Brust des Gegners abzielt. Diese Kombination kann dazu benutzt werden, um einen Takedown oder einen Wurf vorzubereiten.

- Die Kombinationen aus Jab und Uppercut dienen als eine weitere grundlegende Bewegungskombination, mithilfe derer Sie sich Möglichkeiten für Takedowns oder Würfe verschaffen können. Der Jab hält den Gegner auf Distanz, während der Uppercut die Distanz überbrückt und zuschlägt. Beim Uppercut handelt es sich um einen Schlag, der auf das Kinn oder den Körper des Gegners abzielt. Diese Kombination funktioniert am

besten, wenn Sie den Gegner an den Rand oder in die Ecke der Matte zwingen können.
- Bei der Kombination mithilfe der rechten Überhand handelt es sich um eine kraftvolle Kombo, die es Ihnen erlaubt, mit Wucht zuzuschlagen. Der Schlag mit der breiten rechten Überhand zielt auf das Kinn oder die Wange des Gegners ab. Diese Kombination eignet sich am besten, wenn Ihr Gegner nicht mit ihr rechnet und schnell reagieren muss. Die rechte Überhand kann einen Takedown oder einen Wurf einleiten.

Wichtige Sperrgriffe und Haltekombinationen

Die Sperr- und Haltegriffkombinationen sind ein weiterer wichtiger Aspekt des Ringens. Hierbei setzen Sie Hebelwirkungen und Druck ein, um den Körper Ihres Gegners zu kontrollieren und ihn bewegungsunfähig zu machen. Der Armbar, der Kimura und der sogenannte Rear-Naked Choke gehören zu den wichtigsten Sperrgriffen und Haltepositionen.

- Der Armbar ist ein effektiver Haltegriff, der dazu dient den Arm des Gegners zu kontrollieren. Dazu packen Sie den Arm des Gegners und wickeln Ihre Beine um ihn. Dann üben Sie Druck auf den Ellbogen des Gegners aus und zwingen ihn dazu, sich entweder zu fügen oder einen gebrochenen Arm zu riskieren. Sie können diesen Griff nutzen, wenn Sie auf Ihrem Gegner sitzen oder ihn am Boden haben.
- Die Kimura ist ein weiterer effektiver Griff, um den Arm des Gegners zu kontrollieren. Bei diesem Griff packen Sie das Handgelenk Ihres Gegners und verdrehen es hinter seinem Rücken. Dann üben Sie mit der anderen Hand Druck auf den Ellbogen des Gegners aus, um ihn zum Aufgeben zu zwingen oder Verletzungen zu riskieren. Auch hier kann der Kimura von oben oder von unten aus eingesetzt werden.
- Der Rear-Naked Choke ist ein sehr bekannter Haltegriff, bei dem der Hals des Gegners kontrolliert wird. Bei diesem Griff wickeln Sie Ihre Arme um den Hals des Gegners und drücken zu, bis dieser aufgibt oder ohnmächtig wird. Dieser Griff eignet sich am besten, wenn sich Ihr Gegner hinter Ihnen befindet.

Kombinationen für Anfänger

Kombinationen für Anfänger basieren auf Schlag- und Griffstrategien, die fließend von einer Bewegung zur anderen übergehen. Diese Bewegungen helfen Ihnen dabei, Ihr Muskelgedächtnis aufzubauen und Ihre Reaktionszeit zu verbessern. Im Folgenden finden sich einige Anfängerbewegungen:

- Die Kombination aus Jab und Takedown nutzt die Kraft des Jabs, um sich eine Möglichkeit für einen Takedown zu schaffen. Dazu schlagen Sie zum Beispiel auf das Gesicht des Gegners ein, schaffen sich einen guten Abstand und versuchen anschließend einen Takedown.
- Die sogenannte Jab-Kreuzschlagstrategie bietet Ihnen eine Kombination aus Schlag- und Takedown-Techniken, die Sie im Kampf miteinander verbinden können. Beginnen Sie mit einem Jab, nutzen Sie dann einen Kreuzschlag und gehen Sie dann zum Takedown über.
- Der Doppeljab, Doppelbein Takedown kombiniert Schlag- und Takedown-Techniken miteinander. Beginnen Sie zu diesem Zweck mit zwei Jabs, schaffen Sie sich ausreichend Abstand und führen Sie einen Takedown mit beiden Beinen durch.

Wirksame Kampfstrategien

Die nahtlose Kombination der Bewegungen ist eines der wichtigsten Merkmale des Ringsports. Wenn sie richtig eingesetzt wird, kann die Kombination von verschiedenen Bewegungen Ihren Gegner überraschen, ihn in die Defensive drängen und Sie schließlich zum Sieg führen. Dieser Abschnitt befasst sich mit einigen der effektivsten Schlagkombinationen beim Ringen.

Die Multi-Schlag-Kombination

Die Multi-Schlag-Kombination wird im Arsenal des Rinkämpfers zu einem mächtigen Werkzeug. Sie besteht aus verschiedenen miteinander kombinierten Schlägen, um sich eine Gelegenheit für einen Pin oder Takedown oder Pin zu schaffen. Diese Kombination kann Schläge, Tritte oder sogar Kopfstöße beinhalten - manche Ringer beginnen beispielsweise mit einem Schlag in den Magen, gefolgt von einem Tritt gegen das Bein oder einem Kopfstoß gegen die Brust. Das Ziel ist es dabei, Ihren Gegner zu verwirren und ihn aus dem Gleichgewicht zu bringen, so dass er sich schwer gegen Ihren Takedown-Versuch verteidigen kann. Wenn Sie diese

Strategie richtig einsetzen, kann die Kombination aus mehreren Schlägen verheerend sein.

Die Lock und Strike Kombination

Die Lock und Strike Kombination bietet Ihnen eine weitere effektive Möglichkeit, um Ihren Gegner zu Fall zu bringen. Bei dieser Technik geht es darum, den Gegner mit einem Haltegriff unter Ihre Kontrolle zu bringen. Attackieren Sie ihn dann mit einer Reihe von Schlägen, um sich eine Gelegenheit für einen Takedown oder für einen Unterwerfungsgriff zu schaffen. Diese Kombination umfasst Schläge gegen den Kopf, den Bauch oder die Beine. Sobald Ihr Gegner durch die Schläge betäubt wird, nutzen Sie den Sperrgriff, um ihn in eine verwundbare Position zu bringen. Viele Ringer verwenden derartige Kampfstrategien, um den Gegner in einen Würgegriff zu bringen oder einen Armbar einzubringen.

Die Ausweichkombination

Bei der Ausweichkombination dreht sich alles um die richtigen Bewegungen. Bei dieser Strategie geht es um schnelle Ausweichbewegungen, um den Schlägen Ihres Gegners auszuweichen und gleichzeitig Ihren Takedown-Versuch vorzubereiten. Zu den typischen Ausweichbewegungen gehört das sogenannte „Slip and Rip". Dabei weichen Sie dem Schlag Ihres Gegners zu einer Seite aus und schlagen Sie dann mit einem Jab oder Uppercut zu. Eine weitere Standard-Ausweichbewegung ist das sogenannte „Duck-under". Bei dieser Strategie ducken Sie sich unter dem Arm Ihres Gegners hinweg und versuchen dann, ihn zu überwältigen. Die Ausweichbewegung eignet sich hervorragend für Ringer, die die Bewegungen ihres Gegners gut lesen und dann entsprechend schnell reagieren können.

Beim Ringen ist das Beherrschen von Haltepositionen entscheidend, um Ihren Gegner zu besiegen. Wenn Sie die hier erläuterten Strategien beim Training üben, werden Sie zu einem furchterregenden Gegner auf der Matte und dominieren den Kampf im Ring. Denken Sie daran, dass es beim Ringen vor allem um Technik geht und darum, wie Sie jede Bewegung zu Ihrem Vorteil nutzen können. Wenn Sie also Ihre Kombinationen üben, lernen Sie, wie Sie die Bewegungen und Reaktionen Ihres Gegners lesen lernen. So entwickeln Sie sich mit der Zeit zu einem wahren Champion im Ring.

Fortgeschrittene Techniken

Das Ringen ist für seine einzigartige Mischung aus Kraft, Beweglichkeit und Technik bekannt und hat sich im Laufe der Jahre zu einem Wettkampfsport entwickelt, der hervorragende körperliche und geistige Fähigkeiten erfordert. Als Ringer müssen Sie fortgeschrittene Techniken entwickeln, um der Konkurrenz immer einen Schritt voraus zu sein. In diesem Abschnitt geht es um fortgeschrittene Strategien, mithilfe derer Sie im Kampf die Oberhand gewinnen können.

Fortgeschrittene Kombinationen für den One-to-One Kampf

Beim Ringen ist das Aneinanderreihen verschiedener Techniken entscheidend, um eine überzeugende Strategie zu entwickeln. Fortgeschrittene Ringer wissen, wie sie verschiedene Griffe, Würfe und Takedowns flüssig miteinander kombinieren können. Um Ihre Fähigkeiten zu verbessern, müssen Sie sich ein solides Verständnis der Grundlagen erarbeiten und anschließend darauf aufbauen. Sie können zum Beispiel einen einfachen Schulterwurf mit dem Wegziehen eines Beines kombinieren, um den Takedown abzuschließen. Wenn Sie dabei Fortschritte machen wollen, können Sie verschiedene Techniken miteinander kombinieren, um Ihren Gegner zu überraschen. Wenn Sie einen Schlag antäuschen, ist der Gegner weniger gut auf den Angriff auf sein Bein vorbereitet. Wenn Sie fortgeschrittene Kombinationen beherrschen lernen, können Sie Ihren Gegner auf der Matte überlisten und ausmanövrieren.

Grandmaster Kombinationen für mehrere Gegner

Viele Ringer fühlen sich durch den Kampf gegen mehrere Gegner gleichzeitig herausgefordert und haben Schwierigkeiten, dabei einen Sieg zu erzielen. Die Großmeister des Ringes haben im Laufe der Jahre Strategien entwickelt, um diese Herausforderung zu meistern. Eine dieser Strategien basiert auf dem Versuch, den Schwung aus dem Angriff eines Gegners gegen einen anderen Gegner umzuleiten. Sie können zum Beispiel an dem Arm eines Ringers ziehen, um ihn gegen einen der anderen Gegner zu werfen. Wenn Sie es mit mehreren Gegnern gleichzeitig aufnehmen wollen, ist es wichtig, dass Sie das periphere Sehen und Ihr Situationsbewusstsein nutzen. Alternativ können Sie den Takedown mit beiden Beinen für fortgeschrittene Ringer nutzen, um Ihren Gegner herauszufordern. Diese fortgeschrittenen Strategien erfordern Präzision, Timing und eine ausreichend gute Beweglichkeit, können aber in einem harten Kampf das Blatt wenden.

Kombinieren Sie die Strategien mit psychologischen Einschüchterungstaktiken

Beim Ringen geht es nicht nur um handfeste Kampfstrategien. Es geht dabei auch darum, innovativ und strategisch kompetent zu sein. Elite Ringer wissen, wie sie Bewegungen durchführen und wann sie sie einsetzen müssen. Psychologische Einschüchterungstaktiken verschaffen Ihnen einen entscheidenden Vorteil, z.B. wenn Sie es Ihnen erlauben die Schwächen Ihres Gegners zu identifizieren oder aus dessen Fehlern Kapital zu schlagen. Wenn Sie verschiedene Strategien miteinander kombinieren, kann es Ihnen dabei helfen, Ihren Gegner aus dem Gleichgewicht zu bringen. Wenn Sie zum Beispiel für Ihre starken Takedown-Fähigkeiten bekannt sind, könnten Sie den nächsten Kampf mit der Aufstehstrategie beginnen, um Ihren Gegner zu überrumpeln. Sie können zu einem beeindruckenden Ringkämpfer werden, wenn Sie dazu in der Lage sind, um die technischen Strategien mit den Einschüchterungstaktiken zu kombinieren.

Finten und Täuschungen einsetzen

Finten und Täuschungsmanöver können Ihnen beim Ringen als mächtige Werkzeuge dienen. Sie könnten beispielsweise eine einfache Finte antäuschen, indem Sie so tun, als wollten Sie das Bein des Gegners angreifen, um ihn dazu zu verleiten, seine Arme zu öffnen, wodurch Sie kontern und den Gegner zu Boden werfen können. Mit Finten können Sie die Reaktionen Ihres Gegners testen, bevor Sie die eigentliche Bewegung durchführen. Mit Finten und Täuschungsversuchen können Sie die Verteidigung Ihres Gegners durchbrechen und ihn aus dem Gleichgewicht bringen.

Fortgeschrittene Ringtechniken lassen sich nur durch viel Zeit und Übung perfektionieren. Die Kombination verschiedener Stile, die Verwendung strategischer Täuschungstaktiken und die Integration von Flinten können Ihnen die Dominanz auf der Matte leichter machen. Wenn Sie diese Techniken beherrschen, können Sie die Bewegungen Ihres Gegners vorhersehen, Lücken in der gegnerischen Verteidigung ausnutzen und entscheidende Takedowns und Würfe erfolgreich durchführen. Denken Sie daran, dass nur einige Ihrer Strategien und Pläne zum Erfolg führen können. Daher ist es am besten, wenn Sie mit verschiedenen Kombinationen experimentieren, um herauszufinden, was für Sie am besten funktioniert. Wenn Sie dann Ihre Fähigkeiten weiter verbessern und Ihre Techniken verfeinern, sind Sie auf dem besten Weg, ein Elitekämpfer zu werden.

Kapitel 9: Training zu Hause

Sind Sie es leid, Ihr Ringen-Training aufgrund der Schließung von Fitnessstudios oder durch Terminkonflikte zu verpassen? Lassen Sie sich nicht so leicht davon abhalten, Ihre Ziele zu erreichen. Mit der richtigen Ausrüstung können Sie auch zu Hause effizient trainieren und an Kraft, Technik und Ausdauer arbeiten. Dabei ist es egal, ob Sie eine Matte in Ihrer Garage aufstellen, in eine Dummy-Ringerpuppe investieren oder einfach andere kreative Möglichkeiten finden, um Ihren Trainingspartner zu ersetzen - es gibt unendlich viele Möglichkeiten, um auch zu Hause regelmäßig zu trainieren.

Mit Hingabe und einer konzentrierten Einstellung können Sie Ihr Zuhause in eine beeindruckende Trainingsarena verwandeln und der Konkurrenz stets einen Schritt voraus sein. In diesem Kapitel werden die Drills und Übungen beschrieben, die Sie allein zu Hause mit und ohne Ausrüstung trainieren können. Wenn Sie alleine trainieren und täglich üben ist dies genauso wichtig wie das Üben mit einem Gegner, um Ihre Fähigkeiten und Ihre körperliche Fitness zu verbessern.

Soloübungen

Ringer müssen dazu in der Lage sein, ihre Fähigkeiten überlegt und präzise zu nutzen, was Ihnen wiederum durch ständiges Training möglich wird. Manchmal machen Verletzungen oder ein Mangel an Partnern oder geeigneten Sportclubs das Einzeltraining zur einzigen verbleibenden Möglichkeit. Soloübungen sind wichtig, um den Kämpfern dabei zu helfen, ihre Fähigkeiten beim unabhängigen Training zu verfeinern und weiterzuentwickeln. In diesem Abschnitt werden einige Solotrainingsübungen erklärt, die Ringer in ihr Heimtraining integrieren können, um sich zu verbessern.

Schattenboxen

Das Schattenboxen hilft beim Training, indem es den Kampf mit einem Gegner suggeriert.

Das Schattenboxen gehört zu den wichtigsten Soloübungen für Ringkämpfer. Die Technik erfordert die Visualisierung und das Nachstellen von verschiedenen Manövern mit einem unsichtbaren Gegner. Der Vorteil des Schattenboxens besteht darin, dem Kämpfer bei der Verfeinerung seiner Bewegungen und seiner Technik zu helfen. Gleichzeitig dient dieser Ansatz zur Verfeinerung von Gleichgewicht und Koordination und dazu, mehr Beinarbeit und Reichweite zu entwickeln. Soloübungen beim Schattenboxen werden ohne Ausrüstung oder Requisiten durchgeführt. Außerdem geht es beim Schattenboxen darum, dass Sie einen echten Kampf simulieren. Die Ringkämpfer müssen ihre Techniken mit Präzision und Kraft durchführen, wie bei einem echten Wettkampf. Beim Schattenboxen stehen Beinarbeit, Kopfbewegung, Haltung und Handpositionierung im Vordergrund.

Die richtige Fußarbeit und die korrekten Bewegungsmuster

Ringer benötigen eine hervorragende Beinarbeit, um ihre Gegner zu überholen, deren Reichweite zu kontrollieren und dabei das Gleichgewicht zu halten, während sie die Strategie einsetzen.

Bewegungsübungen sind besonders wichtig, um die für das Ringen erforderliche Flexibilität und Beweglichkeit zu entwickeln. Die Übungen helfen Ihnen dabei, das Gewicht schnell von einem Fuß auf den anderen zu verlagern, sich zu drehen und Variationen in der Bewegung des Gegners aufrechtzuerhalten. Zu den Fußarbeits- und Bewegungsübungen gehören unter anderem das Umschwenken, das Trippeln, der Seitwärtsschritt, das Seilspringen und vieles mehr.

Polsterübungen

Sie können Übungen mit Polstern nutzen, um die richtige Gewichtsverteilung, die richtige Reichweite und eine adäquate Schlagtechnik zu entwickeln. Die Polster bieten Ihnen einen Widerstand und ahmen den Körper des Gegners nach, was dem Kämpfer dabei hilft, die nötige Präzision und Kraft in seine Schläge zu bringen. Die Focus-Glove-Übung gehört zu den beliebtesten Trainingsdrills am Polster. Bei dieser Übung konzentrieren sich die Ringer darauf, einen Rhythmus und gleichmäßigen Bewegungsablauf in ihren Schlagtechniken einzubringen, um die Bewegung des Gegners besser simulieren zu können.

Übung am schweren Boxsack

Die Übungen am schweren Boxsack sind für den Aufbau von Kraft, Ausdauer und Explosivität für das Ringtraining unerlässlich. Darüber hinaus sind die Übungen wichtig, um das richtige Zielen und die Bewegungen zur Vorbereitung auf reale Kampfsituationen zu verfeinern. Bei den Übungen am schweren Boxsack wird mit Intensität und Präzision auf einen schweren Sack eingeschlagen. Die Athleten verwenden dazu eine Reihe von Schlägen, wie beispielsweise Tritte, Schläge und Kniebewegungen, um an ihrer Haltung, ihrer Kraft und ihrer Reichweite zu arbeiten. Die Ringer müssen sich dabei darauf konzentrieren, ihre Schläge mit der richtigen Technik durchzuführen, um den Schutz ihrer Gelenke zu gewährleisten.

Partnerübungen

Während Einzeltrainingseinheiten für die persönliche Entwicklung von entscheidender Bedeutung sind, sind Partnerübungen für die Perfektionierung von Ringkampftechniken und die Förderung von Problemlösungsstrategien unerlässlich. Darüber hinaus helfen sie den Ringern, bestimmte Techniken zu üben, ihr Timing und ihr Bewusstsein zu verbessern und ihre Ausdauer aufzubauen, um ihren Wettbewerbsvorteil zu vergrößern. In diesem Abschnitt werden einige der effektivsten Partnerübungen für Ringer im Detail beschrieben. Ganz gleich, ob Sie ein Anfänger sind oder ob Sie bereits eine Menge Ringkampferfahrung haben, die Übungen und Drills werden Ihnen dabei helfen, Ihre Fähigkeiten zu schärfen und zu einem furchterregenden Gegner zu werden.

Sparring

Das Sparring ist ein Teil des Grundlagentrainings beim Ringen und gilt als eine der besten Partnerübungen für Ringkämpfer. Dabei können Sie die Techniken, die Sie beim Training gelernt haben, in einer realen, wettbewerbähnlichen Situation zur Übung anwenden. Mit einem Partner können Sie abwechselnd das Angreifen und Verteidigen üben, und dabei alle verschiedenen Strategien wie etwa Schläge und Ausweichmanöver nutzen, um sich durchzusetzen. Das Sparringstraining kann auf verschiedene Art und Weise durchgeführt werden, aber das freie Sparring und das Live-Ringen gehören zu den zwei beliebtesten. Beim freien Sparring können die Ringer ihre Bewegungen und Konter ohne vorgegebene Aktionen üben. Im Gegensatz dazu schränkt das Live-Ringen die im Kampf verwendeten Techniken ein, um den Ringern das Gefühl eines organisierten Ringtrainings zu vermitteln.

Polsterübungen mit Partner

Die Polsterübungen mit einem Partner eignen sich hervorragend, um die Kraft und Genauigkeit Ihrer Schläge und Würfe zu trainieren und diese zu verbessern. Bei diesen Übungen arbeiten Sie mit einem Partner zusammen, der Boxhandschuhe hält und Ihnen Ziele vorgibt, die Sie treffen müssen. Bei der fokussierten Handschuhübung müssen Sie beispielsweise auf die beweglichen Ziele (also die Handschuhe) einschlagen, die von Ihrem Partner gehalten werden. Mit dieser Übung können Sie an Ihren Schlägen, Tritten und anderen Schlagtechniken arbeiten und gleichzeitig Ihre Kraft und Geschwindigkeit steigern. Der Partner kann Handschuhe halten und Ihnen Ziele geben, auf die Sie sich konzentrieren können, um Ihre Würfe und Takedowns zu perfektionieren.

Clinch- und Grappling-Übungen

Die Clinch- und Grappling-Übungen verbessern Ihre Positionierung, Kontrolle und Ihre Unterwerfungstechnik. Sie verhelfen Ihnen außerdem zur Stärkung Ihres Griffvermögens und Ihrer Armkraft. Übungen wie das sogenannte „Pummeling", bei dem die Ringer im Clinch liegen und ihre Arme im Stand neu positionieren, und verschiedene Takedowns und Verteidigungsstrategien gehören zu den besten Übungen, um diese

Fähigkeiten zu verfeinern. Der Affengriff ist eine weitere Übung, mit der Sie Ihre Griffstärke verbessern können. Bei dieser Übung halten Sie das Handgelenk und die Hand Ihres Partners fest, während dieser seinen Arm wegzieht. Das Ziel ist es, dass Sie Ihren Griff erfolgreich sichern und eine stabile Haltung beibehalten, während Ihr Partner versucht, sich zu befreien.

Konditionierungsübungen

Obwohl Ringkämpfe in der Regel nur wenige Minuten dauern, erfordern sie ein hohes Maß an Ausdauer und Stehvermögen. Daher sind Konditionierungsübungen für Ringer am besten geeignet, um Ausdauer aufzubauen und die eigene Fitness zu verbessern. Eine Übung, die diesem Zweck dient, ist der sogenannte „Suicide Drill". Bei diesem Drill laufen Sie mit voller Geschwindigkeit von einer Linie zur anderen und wechseln dann die Richtung, um den nächsten Lauf zu beginnen. Bei dieser Übung werden die Runden gestaffelt und die gelaufene Distanz mit jeder Wiederholung erhöht. Eine weitere effektive Übung zur Förderung der Konditionierung ist der Bärengang. Bei dieser Übung gehen Sie auf alle viere und krabbeln vorwärts, indem Sie zunächst die linke Hand und den rechten Fuß und dann die andere Hand und den anderen Fuß bewegen. Ziel ist es dabei, eine bestimmte Anzahl von Metern zu krabbeln oder so lange weiterzumachen, bis Sie nicht mehr können.

Reaktionsübungen

Reaktionsübungen sind in allen Kampfsportarten unerlässlich, haben beim Ringen aber einen besonders hohen Wert. Mithilfe der Reaktionsübungen verbessern Sie die Fähigkeit der Ringer, die nächste Bewegung ihres Gegners zu antizipieren und gleichzeitig ihr Schlag- und Reaktionstiming zu verbessern. Die Schattenübung ist eine der beliebtesten Reaktionsübungen. Bei dieser Übung geht es darum, dass Sie mit einem Partner eine Reihe von Bewegungen durchführen, auf die der andere Ringkämpfer dann mit Gegenbewegungen reagiert, um Ihre Reflexe und Reaktionszeit zu verbessern. Diese Übung verbessert auch die Beinarbeit, die Kopfbewegung und die allgemeine Körperbeherrschung.

Übungen für zu Hause ohne Geräte

Das Ringen ist ein Sport, der körperliche und geistige Beweglichkeit und viel Kraft erfordert. Es ist unterhaltsam und trägt zur Verbesserung der allgemeinen Gesundheit des Einzelnen bei. Wenn Sie ein Ringer sind, wissen Sie bereits, wie wichtig es ist, dass Sie Ihre Körperkraft stärken. Die gute Nachricht ist aber, dass Sie dies ganz einfach zu Hause ohne Fitnessstudio und teure Sportausrüstung erreichen können. In diesem Abschnitt erfahren Sie mehr über einige Ringtrainingsübungen, die sich gut für zu Hause eignen und ohne Geräte umsetzbar sind.

Springseilspringen

Das Seilspringen mag Ihnen wie eine sehr einfache Aktivität erscheinen, aber tatsächlich handelt es sich hierbei um eine der besten Übungen, um die eigene Beweglichkeit, Koordination und die Fußarbeit zu verbessern. Das Seilspringen bietet Ihnen eine effektive Kardiotrainingsmöglichkeit und verbessert Ihre Ausdauer und Fitness. Wenn Sie mindestens 10 Minuten lang regelmäßig Seil springen, können Sie bis zu 100 Kalorien verbrennen. Bei Ringern verbessert das Seilspringen außerdem das Gleichgewicht und fördert die schnelle Beinarbeit, welche wiederum unerlässlich sind, um Ihren Gegner zu besiegen.

Burpees

Burpees sind eine Ganzkörpertrainingsübung, die alle Muskelgruppen beansprucht. Es handelt sich um eine Übung im Sinne des hochintensiven Intervalltrainingsansatzes (HIIT), welcher die kardiovaskuläre Fitness verbessert und gleichzeitig Muskeln aufbaut. Burpees lassen sich einfach zu Hause durchführen, ohne dass Sie etwaige Hilfsmittel benötigen und können angepasst werden, um dem Fitnesslevel des Trainierenden zu entsprechen. Burpees sind hervorragend dazu geeignet, Ausdauer und Durchhaltevermögen zu verbessern.

Liegestütze und Sit-ups

Liegestütze und Sit-ups gehören zu den klassischen Fitnessübungen, die Sie überall machen können. Da Sie für diese Trainingsübungen keinerlei Ausrüstung benötigen, sind Liegestütze und Sit-ups gut für das Heimtraining realisierbar. Ringer nutzen diese Übungen, um die Kraft ihres Oberkörpers, die Stabilität ihres Rumpfes und das Gleichgewicht der Kämpfer zu fördern. Die Liegestütze trainieren die Brust, die Schultern, den Trizeps und den oberen Rücken, während Sit-ups die Bauchmuskeln stärken.

Kniebeugen und Ausfallschritte

Kniebeugen und Ausfallschritte gehören zu den zwei wichtigsten Übungen für den Aufbau der Beinmuskulatur. Sie helfen Ihnen dabei, Ihr Gleichgewicht, Ihre Flexibilität und Ihre Mobilität zu verbessern. Kniebeugen trainieren Ihre Quadrizepsmuskulatur, Ihre Beinsehnen und

Gesäßmuskeln, während Ausfallschritte Ihre Waden, Quadrizepsmuskulatur und Ihre Gesäßmuskeln beanspruchen. Regelmäßige Kniebeugen und Ausfallschritte können die Beweglichkeit, die Ausdauer und das Gleichgewicht der Kämpfer verbessern, die für das Ringen unerlässlich sind.

Laufen, Radfahren oder Schwimmen

Ein gutes Herz-Kreislauf-Training ist für jede Fitnessroutine unerlässlich. Wenn Sie laufen, radfahren oder schwimmen können Sie dadurch Ihre kardiovaskuläre Gesundheit verbessern und gleichzeitig in ausgezeichneter körperlicher Verfassung bleiben. Das Laufen hilft Ihnen dabei, Kalorien zu verbrennen, es erhöht die Ausdauer und baut die Beinmuskulatur auf. Das Radfahren dient als sanfte Übung, die die Quad- und Kniesehnenmuskeln stärkt und gleichzeitig die Ausdauer verbessert. Schwimmen bietet Ihnen eine hervorragende Trainingsmöglichkeit mit geringer Belastung, die den ganzen Körper beansprucht und gleichzeitig die kardiovaskuläre Gesundheit verbessert.

Übungen für zu Hause mit Trainingsgeräten

Das Ringen ist eine der anspruchsvollsten Sportarten, da es Kraft, Ausdauer und Beweglichkeit erfordert. Aber wenn Sie ein begeisterter Ringkämpfer sind, müssen Sie nicht immer ins Fitnessstudio gehen, um sich einen gut trainierten Körper zu erhalten. Stattdessen können Sie auch bequem von zu Hause aus trainieren. Im Folgenden erfahren Sie mehr über die besten Ringübungen für zu Hause, mit denen Sie an Ihrer Fitness, an Ihrer Gesundheit und an Ihren Ringfähigkeiten arbeiten können.

Widerstandsbänder

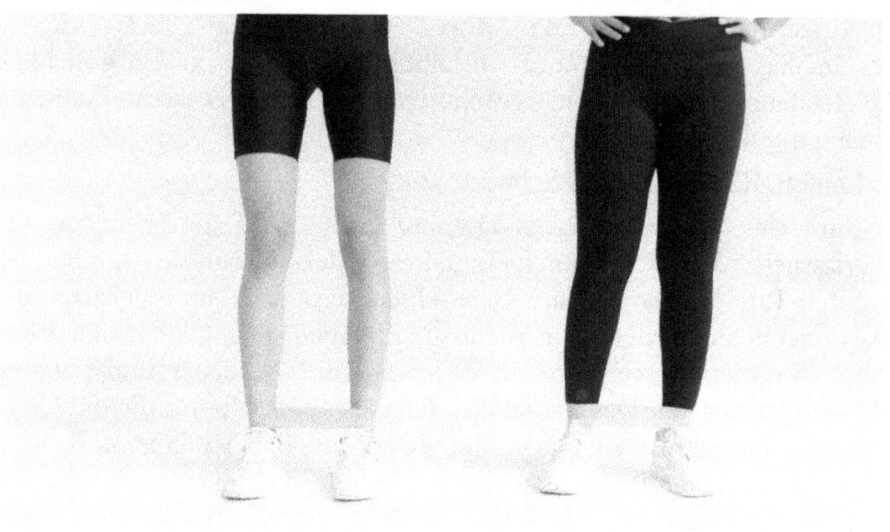

Widerstandsbänder können Ihre Kraft steigern und den Körper straffen.

Widerstandsbänder bieten Ihnen eine großartige Möglichkeit, um Ihre Kraft zu steigern und Ihren Körper zu straffen. Wickeln Sie sich die Bänder um Ihre Füße, nehmen Sie dann das andere Ende in die Hände und machen Sie Übungen wie das Brustdrücken im Stehen, Bizepsbeuger und Trizepsstrecker im Stehen. Sie können die Bänder auch nutzen, um Ihre Beine zu trainieren, indem Sie Kniebeugen, Ausfallschritte und Beinbeuger üben. Außerdem können Sie die Intensität der Übungen anpassen, indem Sie verschiedene Bänder mit unterschiedlichen Widerständen verwenden, um das Training an Ihr Fitnessniveau anzupassen.

Medizinbälle

Medizinbälle sind ein weiteres nützliches Gerät, das Ihnen dabei helfen kann, Ihre Fitness zu verbessern. Es gibt Medizinbälle in verschiedenen Gewichten und Größen, also wählen Sie sich sorgfältig einen bequemen und für Sie geeigneten Ball aus. Halten Sie den Ball mit beiden Händen fest und machen Sie verschiedene Übungen. Drücken Sie den Medizinball zum Beispiel über Kopf, werfen Sie ihn vor Ihrer Brust hoch, machen Sie seitliche Würfe und werfen Sie ihn kraftvoll auf den Boden. Sie können außerdem Partnerübungen wie die russische Drehung, den Wandpass und Sit-ups mit dem Medizinball machen. Diese Übungen eignen sich hervorragend, um die Mittelkörperkraft, die eigene Schnelligkeit und die Beweglichkeit zu fördern.

Boxsack oder Boxhandschuhe

Das Boxen ist ein wesentlicher Bestandteil des Ringens, und ein Boxsack oder Boxhandschuhe bieten Ihnen eine gute Möglichkeit, um Ihre Technik und Ausdauer zu verbessern. Hängen Sie den Boxsack zum Beispiel in Ihrer Garage auf oder kaufen Sie sich ein Paar Boxhandschuhe und bitten Sie einen Partner darum, den Boxsack für Sie zu halten. Üben Sie dann Ihre Jabs, Hakenschläge, Kreuzschläge und Uppercuts, um für ein großartiges Cardio-Training zur Stärkung Ihrer Arme und Ihres Oberkörpers zu sorgen.

Kettlebells

Kettlebells eignen sich hervorragend zum Ganzkörpertraining und helfen Ringkämpfern dabei, hervorragende Trainingsergebnisse zu erzielen. Es gibt sie in verschiedenen Gewichtsklassen, also wählen Sie eine Gewichtsklasse aus, mit der Sie sich wohlfühlen. Führen Sie dann Übungen wie den Kettlebell Swing, den Goblet Squat, den Clean Jerk und den Turkish Get-up durch, um Ihre Kraft aufzubauen und Ihre allgemeine Konditionierung zu verbessern. Kettlebells können für manche Athleten eine Herausforderung sein. Beginnen Sie also mit einem niedrigeren Gewicht und arbeiten Sie sich langsam hoch, wenn Sie stärker werden.

Knöchelgewichte

Knöchelgewichte helfen Ihnen dabei, mehr Kraft und Stärke in Ihrem Unterkörper zu entwickeln. Tragen Sie die Gewichte bei Übungen wie dem Beinheben, dem Wadenheben und dem seitlichen Beinheben. Sie können die Gewichte auch zum Gehen oder Joggen anlegen, um Ihre Ausdauer zu trainieren. Achten Sie jedoch darauf, dass Sie es nicht übertreiben, denn Knöchelgewichte können Ihre Gelenke auch zu stark belasten und zu Verletzungen führen.

Tipps für das Training allein zu Hause

Ringkämpfer, die es gewohnt sind, in einem Team zu trainieren, wurden durch die Pandemie vor neue Herausforderungen gestellt. Viele konnten sich jedoch durch Heimtraining ihre Leidenschaft für den Sport aufrechterhalten. Mit etwas Kreativität können Sie Ihre Fähigkeiten auch von zu Hause aus weiter verbessern und in Form bleiben. Im Folgenden geben wir Ihnen einige Tipps dazu, wie Sie sich richtig vorbereiten können um konzentriert und motiviert zu bleiben und Ihre Fortschritte sorgfältig zu verfolgen.

Einen Zeitplan festlegen

Das Einhalten eines robusten Zeitplans gehört zu einer der wichtigsten Herausforderungen, der Sie sich beim Einzeltraining stellen müssen. Ohne einen Trainer oder Teamkollegen ist es leicht, den Fokus zu verlieren und sich weniger intensiv für Ihre Trainingseinheiten zu engagieren. Vermeiden Sie dies, indem Sie jeden Tag eine bestimmte Zeit für Ihr Training festlegen und sich strikt daran halten. Erstellen Sie einen Zeitplan, der für Sie am besten geeignet ist und es Ihnen ermöglicht, sich auf Ihre täglichen Aktivitäten zu konzentrieren.

Identifizieren Sie eine Vielzahl von Übungen

Die Auswahl von einer Vielzahl von Übungen zur Verbesserung der verschiedenen Ringkampffähigkeiten ist für die Entwicklung eines abgerundeten Trainingsprogramms entscheidend. Beginnen Sie also mit grundlegenden Übungen, die Kraft, Schnelligkeit und Ausdauer fördern, wie etwa Liegestütze, Kniebeugen und Sit-ups. Als Nächstes sollten Sie plyometrische Übungen wie Boxsprünge, Sprünge und Hocksprünge in Ihr Training integrieren. Sie können Übungen die das eigene Körpergewicht zum Krafttraining nutzen, einsetzen und, Burpees und Liegestützposition mit in das Programm einbeziehen.

Konzentration auf Technik und Form

Beim Ringen ist es erforderlich, dass Sie die richtige Technik meistern und stets auf die richtige Form achten. Um Ihr volles Potenzial auszuschöpfen, müssen Sie sich Zeit zum Training nehmen, um an Ihrer Form zu arbeiten und sicherzustellen, dass Sie die Übungen korrekt durchführen. Obwohl es schwierig ist, sich während des Trainings gleichzeitig selbst zu analysieren, können Sie erhebliche Verbesserungen erzielen, wenn Sie sich Lernvideos ansehen und Ihre Bewegungen sorgfältig aufschlüsseln.

Vernachlässigen Sie das Ausdauertraining nicht

Beim Ringen ist die Kondition alles. Ihre Ausdauer entscheidet darüber, ob Sie einen ganzen Kampf durchhalten und am Ende gewinnen können oder nicht. Wenn Sie alleine trainieren, sollten Sie unbedingt Konditionierungsübungen mit in das Programm einbauen, die die Intensität und Dauer eines Ringkampfes imitieren. Aktivitäten wie Laufen, Sprinten, Anläufe am Berg und Intervalltraining bilden dabei eine starke Grundlage.

Verfolgen Sie Ihren Fortschritt

Wenn Sie alleine trainieren, ist es wichtig, dass Sie Ihre Fortschritte zu verfolgen, um motiviert zu bleiben und Ihre Erfolge zu dokumentieren. Führen Sie zu diesem Zweck ein Tagebuch oder laden Sie sich eine Trainings-App herunter, um Ihre Fortschritte zu messen und die verschiedenen Trainingsbereiche zu überwachen, die Sie verbessern können. Das Wissen um Ihre Erfolge hilft Ihnen auch dabei, herausfordernde Trainingseinheiten in positivere Erfahrungen umzuwandeln, und bringt Sie Ihren Zielen stetig näher.

Das Ringen kann für viele Menschen eine Herausforderung sein, aber Ihre Mühe wird sich am Ende merklich lohnen. Mit Disziplin und Hingabe können Sie Ihre Fähigkeiten verbessern, weiterhin alleine trainieren und das Niveau Ihrer Ringkünste erhöhen. Wenn Sie sich einen Zeitplan aufstellen, eine Vielzahl von Übungen auswählen, sich auf Technik und Form konzentrieren, die Konditionierung nicht vernachlässigen, Ihre Fortschritte verfolgen, motiviert bleiben und regelmäßig Pausen einlegen, werden Sie sich schnell verbessern und die Herausforderungen durch Fleiß und Inspiration überstehen. Lassen Sie sich nicht davon überzeugen, dass ein Trainingsprogramm ohne Ausrüstung oder Einzeltrainingsansätze unzureichend ist. Beide Strategien können für Ihre Karriere als Ringkämpfer entscheidend sein.

Kapitel 10: Training und Betreuung von Jugendlichen

Das Ringen ist nicht nur ein Sport - vielmehr handelt es sich um eine Lebenseinstellung. Um Jugendlichen die Kunst des Ringens beizubringen, braucht es Hingabe, Geduld und die richtigen Trainingsstrategien. Es reicht also nicht aus, ihnen die Techniken und Bewegungen zu zeigen. Sie müssen ihnen auch die Disziplin, die Widerstandsfähigkeit und das Selbstvertrauen vermitteln, die einen erfolgreichen Ringkämpfer ausmachen. Als Trainer ist es wichtig, dass Sie die unterschiedlichen Lernstile der einzelnen Ringkämpfer zu verstehen und ein unterstützendes Umfeld schaffen, das ihre Stärken und Schwächen fördert.

Indem Sie Zeit in die Entwicklung junger Ringer investieren, bauen Sie herausragende Athleten und ehrenhafte Führungspersönlichkeiten auf, die die Lektionen, die sie auf der Matte gelernt haben, in die anderen Bereiche ihres Lebens integrieren werden. Dieses Kapitel soll Trainern und Eltern die notwendigen Informationen zur Hand geben, um sicherzustellen, dass jeder jugendliche Ringkämpfer beim Training sicher ist, gefördert wird und ein unterhaltsames Lernumfeld vorfindet, in dem er sich optimal entfalten kann. Denken Sie immer daran, dass diese angehenden Athleten mit der richtigen Anleitung und Unterstützung ihr volles Potenzial erreichen können.

Sicherheit und Vorsichtsmaßnahmen für die Betreuung junger Ringkämpfer

Junge Ringkämpfer sollten Schutzkleidung tragen.[10]

Das Ringen ist ein anspruchsvoller und körperlich herausfordernder Sport. Auch wenn der Sport für viele Kinder wie ein lustiges Spiel mit Freunden aussieht, dürfen Sie nicht vergessen, dass beim Ringen ein erhöhtes Verletzungsrisiko besteht. Als Eltern oder Trainer müssen Sie dafür sorgen, dass die Ringkämpfer mit der richtigen Ausrüstung an diesem Sport teilnehmen. Schutzkleidung und Vorsicht sind innerhalb und außerhalb des Rings entscheidend. In diesem Abschnitt geht es um einige wichtige Sicherheitsvorkehrungen für junge Ringkämpfer, die jedem Trainer, jedem Elternteil und jedem Sportler bekannt sein sollten.

Schutzausrüstung für Ringer

Viele junge Ringer stürzen sich ohne die richtige Schutzausrüstung in den Kampf. Die richtige Ausrüstung ist jedoch unerlässlich, um die Sicherheit der Kämpfer während des Trainings zu gewährleisten. Im Folgenden erfahren Sie Informationen zu den wichtigsten Schutzmitteln, die jeder junge Ringer haben muss:

- **Kopfschutz:** Der Kopfschutz ist der wichtigste Teil der Schutzausrüstung, die ein Ringer tragen sollte. Er minimiert und vermeidet kritische Kopf- und Ohrverletzungen.
- **Ringerschuhe:** Ringerschuhe schützen die Füße der Kämpfer und bieten auf der Matte Halt.
- **Mundschutz:** Ein Mundschutz wird empfohlen, um die Zähne und den Kiefer der Athleten vor Verletzungen zu schützen. Ein Kopfstoß oder ein versehentlicher Ellbogenschlag gegen den Mund können dazu führen, dass einem Kämpfer die Zähne ausgeschlagen werden, oder dass es zu schweren Kiefer- und Halsverletzungen kommt.
- **Knieschützer:** Knieschützer sind nicht zwingend notwendig, sind aber sehr empfehlenswert, um die Knie zu schützen und Schürfwunden, Schnitte oder Prellungen zu vermeiden.

Zusätzliche Regeln, um Sicherheit und Spaß zu gewährleisten

Beim Ringen geht es nicht nur um die körperliche Stärke. Es geht auch um das Befolgen von Regeln und das Meistern der richtigen Techniken. Hier sind einige zusätzliche Regeln und Tipps, um die Sicherheit und den Spaß jedes jungen Ringers zu gewährleisten:

- Achten Sie auf den Respekt für den Gegner und vermeiden Sie grobes oder unsportliches Verhalten, wenn Sie Kämpfer trainieren oder wenn Kämpfer an Wettkämpfen teilnehmen.
- Vermeiden Sie es, die Kämpfer professionelle Techniken aus dem Fernsehen imitieren zu lassen, da diese für junge Ringer gefährlich sein können.
- Beachten Sie die Gewichtsvorgaben, um zu vermeiden, dass die Kämpfer mit jemandem konkurrieren, der viel größer oder schwerer ist als sie selbst.
- Ausreichende Flüssigkeitszufuhr ist entscheidend. Ringer sollten vor, während und nach den Kämpfen viel Wasser trinken und zuckerhaltige Getränke vermeiden.

Die Grundlagen des Ringens erlernen

Bevor junge Ringer in den Ring steigen und an Wettkämpfen teilnehmen, müssen sie die Grundlagen des Ringens erlernen. Die richtigen Techniken und Respekt für die Regeln können Ihnen helfen, Verletzungen zu vermeiden. Professionelle Trainer sollten sich um die

Vermittlung dieser grundlegenden Techniken kümmern. Hier sind einige der wichtigsten Strategien für Anfänger:

- **Takedowns:** Bringen Sie Kindern und Jugendlichen die richtigen Angriffstechniken bei, um Kopf- und Nackenverletzungen zu vermeiden.
- **Ausweichen:** Diese Technik kann Ringern dabei helfen, wieder auf die Beine zu kommen und zu vermeiden, dass sie auf die Matte gepinnt werden.
- **Pin-Kombination:** Diese Strategie ermöglicht es den Ringern, im Kampf zu dominieren, und den Gegner auf die Matte zu bringen.

Die Wichtigkeit von Ruhezeiten und Erholung

Ausreichend Ruhe ist für junge Ringer unerlässlich, um sicherzustellen, dass diese sich von der körperlichen und geistigen Belastung durch den Sport erholen. Junge Ringkämpfer sollten beim Training nicht zu sehr unter Druck gesetzt werden, da dies zu Burnout und Verletzungen führen kann. Ausreichend Ruhe und Erholung helfen den Kämpfern dabei, Muskelzerrungen und andere Verletzungen zu vermeiden.

Förderung des Respekts für den Sport

Es ist wichtig, dass Sie jungen Ringkämpfern beibringen, wie wichtig es ist, den Sport und ihre Gegner zu respektieren. Als Trainer oder Elternteil ist es Ihre Aufgabe, dafür zu sorgen, dass Ihre Ringkämpfer verstehen, wie wichtig es ist, den Sport zu respektieren und die entsprechenden Verhaltensweisen an den Tag zu legen. In diesem Abschnitt wird erörtert, wie Sie den Respekt für den Sport bei jungen Ringkämpfern fördern und so die Basis für ein positives Verhalten schaffen können.

Als guter Trainer oder kompetentes Elternteil fungieren

Sie sollten als Trainer oder Elternteil mit gutem Beispiel vorangehen. Junge Ringkämpfer achten auf das Verhalten der Menschen in ihrer Umgebung auf und ahmen deren Benehmen nach. Wenn Sie ein positives Verhalten an den Tag legen und den Sport und Ihre Gegner respektieren, ist es wahrscheinlicher, dass Sie Ihre Schüler dazu inspirieren, das gleiche zu tun. Machen Sie Ihre Erwartungen deutlich und gehen Sie konsequent mit gutem Vorbild voran.

Die offene Kommunikation mit Ihren Schülern ist entscheidend. Ermutigen Sie sie dazu, ihre Gedanken, Bedenken und Ideen zu äußern. Auf diese Weise zeigen Sie ihnen, dass ihre Meinung zählt und dass sie von konstruktiver Kritik lernen können. Stellen Sie sicher, dass Sie ansprechbar und unterstützend wirken, zeigen Sie, dass Sie verstehen, was Ihre Ringer motiviert, und dass Sie ihnen den nötigen Rückhalt geben.

Gutes Benehmen lehren

Den Ringern sollten die Regeln des Sports und der Verhaltenskodex frühzeitig beigebracht werden. Betonen Sie Werte wie Integrität, Demut und Respekt vor den Gegnern, sowohl auf als auch neben der Matte. Die Kämpfer müssen wissen, dass sie sich selbst und ihr Team, ihre Schule und ihre Gemeinschaft repräsentieren. Ermutigen Sie sie dazu, nach Spitzenleistungen zu streben und erinnern Sie sie daran, wie wichtig es ist, jeden Menschen zu respektieren. Vermitteln Sie ihnen dieses Verhalten, indem Sie diejenigen belohnen, die sich besonders vorbildlich benehmen.

Wenn Sie den Ringkämpfern einen guten Sportsgeist beibringen, erteilen Sie ihnen eine Lektion fürs Leben. Ein guter Sportgeist wird beispielsweise ausgedrückt, wenn Kämpfer dem Gegner gratulieren, ihm wieder auf die Beine helfen und wenn sie niemals Schadenfreude zeigen. Dieses Verhalten sollte regelmäßig geübt werden, da es den Respekt gegenüber allen anderen Menschen fördert.

Belohnungen für gutes Benehmen

Eine Möglichkeit, um respektvolles Verhalten zu fördern, besteht darin, Anreize für positives Verhalten zu schaffen. Wenn Sie Ringer für gutes Verhalten belohnen fördern Sie dadurch ein positives Umfeld und tragen dazu bei, dass Sie den Schülern Werte wie Respekt und Integrität näherbringen. Belohnen Sie die Kämpfer zum Beispiel mit Auszeichnungen, Medaillen, Abzeichen, Zertifikaten und anderen Dingen, die Ihren Schülern wichtig sind. Dadurch stärken Sie die Motivation der Kämpfer und ermutigen sie dazu, shr bestes Verhalten an den Tag zu legen, um Anerkennung zu finden.

Das Ringen ist ein individueller Sport, aber man braucht trotzdem ein Team, um erfolgreich zu sein. Schaffen Sie daher eine gute Teamatmosphäre, die Einigkeit, Respekt und gegenseitige Unterstützung vermittelt. Wenn sich alle Beteiligten stärker zusammengehörig und wertgeschätzt fühlen, trägt dies dazu bei, dass sie sich beim Training motivierter und erfüllter fühlen.

Geben Sie Kindern die Chance zu glänzen

Beim Ringen geht es um körperliche Stärke, mentale Widerstandsfähigkeit und strategisches Denken. Für junge Ringer kann der Sport daher eine herausfordernde, aber lohnende Erfahrung sein. Für Eltern und Trainer ist der Sport eine Chance sein, zukünftige Champions zu trainieren und ihnen wichtige Lebenskompetenzen zu vermitteln. In diesem Abschnitt erfahren Sie, wie Sie junge Ringkämpfer zum Mitmachen ermutigen können und wie Sie sie dabei unterstützen, sich Ziele zu setzen, diese zu erreichen, Erfolge zu feiern und aus Fehlern zu lernen.

Ermutigung und Anerkennung für die Teilnahme

Es ist sehr wichtig, dass Eltern und Trainer die Teilnahme junger Ringer an dem Sport fördern und unterstützen. Das bedeutet, dass sie bei wichtigen Kämpfen anwesend sind und ihnen emotionale Unterstützung, positives Feedback und konstruktive Kritik geben. Ermutigung lässt sich auf verschiedenste Art und Weise ausdrücken, beispielsweise durch Aufmunterung vor einem Kampf, als Lob für harte Arbeit und Verbesserungen und als Anerkennung für die Leistungen eines Kämpfers. Zur Anerkennung der Teilnahme gehört auch, dass junge Ringer Zugang zu geeigneter Ausrüstung, Transportmöglichkeiten zur Teilnahme an Kämpfen und Zugang zu Trainern und anderen Ressourcen haben. Mithilfe dieser Herangehensweise können Eltern und Trainer jungen Ringern dabei helfen, motiviert zu bleiben und Spaß am Sport zu haben, indem sie ein unterstützendes Umfeld für die Kämpfer schaffen.

Ziele setzen und erreichen

Das Festlegen von klaren Zielen ist ein wesentlicher Bestandteil jeder Sportart; das Ringen ist da keine Ausnahme. Das Setzen von Zielen hilft jungen Kämpfern dabei, konzentriert und motiviert zu bleiben, den eigenen Fortschritt zu messen und Erfolge zu feiern. Ziele können kurz- oder langfristig sein. Der Sieg bei einem Wettkampf kann als wichtiger Meilenstein gelten, ebenso wie das Erreichen eines bestimmten Fitnesslevels. Trainer und Eltern können jungen Ringern helfen, sich realistische Ziele zu setzen, die erreichbar, aber anspruchsvoll sind und den Kämpfern dabei helfen, ihre Fähigkeiten zu entwickeln und ihre Leistung zu verbessern. Indem sie sich Ziele setzen und diese erreichen, gewinnen junge Ringer Vertrauen in ihre Fähigkeiten und entwickeln eine positive Mentalität.

Erfolge feiern und aus Fehlern lernen

Beim Ringen, wie auch im Leben, entstehen durch Erfolg und Misserfolg wichtige Lernmöglichkeiten. Wenn junge Ringer ihre Ziele erreichen oder einen Kampf gewinnen, ist es wichtig, ihre Leistungen zu feiern und ihre harte Arbeit und ihr Engagement anzuerkennen. Dies kann in vielerlei Form geschehen, z. B. durch Lob, geeignete Belohnungen oder öffentliche Anerkennung. Wenn Sie Erfolge feiern, helfen Sie jungen Ringern dabei, sich wertgeschätzt und anerkannt zu fühlen und motivieren sie dazu, weiterhin hart zu arbeiten. Gleichzeitig ist es aber auch wichtig, aus Fehlern und Rückschlägen zu lernen. Nach einer Niederlage oder einem Misserfolg müssen Trainer und Eltern den jungen Ringern dabei helfen, herauszufinden, was falsch gelaufen ist und wie sie sich zukünftig verbessern können. Dazu können Sie konstruktive Kritik einsetzen, bestimmte Fähigkeiten einsetzen um neue Wege zu finden, und versuchen, neue Herausforderungen anzugehen.

Schaffen Sie eine positive Lernumgebung

Junge Ringer, insbesondere diejenigen, die gerade erst mit dem Sport anfangen, brauchen ein sicheres, positives und ermutigendes Umfeld, um ihre Fähigkeiten effektiv zu entwickeln und als Sportler zu wachsen. In diesem Abschnitt finden Sie einige wichtige Tipps, die Trainer und Eltern nutzen können, um ein positives Umfeld für junge Kämpfer zu schaffen.

Sorgen Sie für eine sichere und stressfreie Umgebung

Die Sicherheit ist die erste und wichtigste Bedingung eines positiven Lernumfelds. Trainer und Eltern müssen dafür sorgen, dass junge Athleten in einer sicheren Umgebung trainieren können, ohne Verletzungen zu riskieren. Dazu gehört auch, dass die Ausrüstung in Ordnung sein muss, die Matten sauber und gepflegt sind und den Athleten gute Techniken beigebracht werden, um Verletzungen zu vermeiden.

Außerdem muss die Umgebung stressfrei sein. Junge Menschen können leicht durch Überforderung entmutigt werden, wenn sie sich unter Leistungsdruck gesetzt fühlen oder Angst davor haben, Fehler zu machen. Stattdessen sollten sich Trainer und Eltern darauf konzentrieren, eine positive und ermutigende Atmosphäre zu schaffen, in der sich die Athleten wohl und unterstützt fühlen und sich nicht davor scheuen, Risiken einzugehen und neue Dinge auszuprobieren.

Ermutigung zum Spaß beim Lernen

Ringen ist ein anspruchsvoller und herausfordernder Sport, aber das bedeutet nicht, dass er keinen Spaß machen kann. Trainer und Eltern sollten sich darum bemühen, das Erlernen von Ringfähigkeiten zu einer angenehmen Erfahrung für die jungen Kämpfer zu machen, indem sie Spiele, Herausforderungen und andere Aktivitäten in das Training einbauen, um die jungen Athleten zu beschäftigen und zu motivieren. Trainer können zum Beispiel Übungen und Spiele organisieren, bei denen die Ringer ihre Fähigkeiten trainieren und gleichzeitig Spaß haben können. Auch die Eltern können sich hierbei mit einbringen, indem sie die Wettkämpfe besuchen und ihre Kinder anfeuern, um ihnen zu zeigen, dass es beim Ringen nicht nur ums Gewinnen geht, sondern auch darum, Spaß zu haben.

Das Training mit Spaß gestalten

Es ist wichtig, den Ringerunterricht unterhaltsam und ansprechend zu gestalten, damit junge Kämpfer während des Trainings konzentriert und motiviert bleiben. Daher sollten die Trainer ihre Lehrmethoden variieren und verschiedene Techniken nutzen, um neue Fähigkeiten und Techniken effektiv zu vermitteln. So können die Trainer beispielsweise Videodemonstrationen, Gruppendiskussionen und Einzeltrainingsmethoden nutzen, um den Ringkämpfern bestimmte Fähigkeiten zu vermitteln. Sie können den Kämpfern regelmäßiges Feedback und Ermutigung näherbringen und individuelle Trainingspläne erstellen, die auf die Stärken und Schwächen der einzelnen Athleten eingehen.

Förderung von Motivation

Zu guter Letzt sollten Trainer und Eltern bei jungen Ringern das Interesse an Wachstum und die Motivation fördern. Die Wachstumsmentalität ist die Überzeugung, dass die eigenen Fähigkeiten und Fertigkeiten durch harte Arbeit, Hingabe und Beharrlichkeit verbessert werden können. Sie ermutigt junge Sportler dazu, Herausforderungen und Rückschläge als Lerngelegenheit zu verstehen und sich nicht entmutigen zu lassen. Eltern und Trainer können dazu beitragen, die Motivation der Kämpfer zu fördern, indem sie die Ringer für ihre Anstrengungen und Fortschritte loben und nicht nur für die Erfolge, die diese erzielen. Sie sollten die jungen Sportler darin bestärken, dass sie sich realistische und erreichbare Ziele setzen und ihre Erfolge feiern.

Ein derart positives und produktives Lernumfeld ist für junge Kämpfer unerlässlich, damit sie ihre Fähigkeiten entwickeln und als Sportler wachsen können. Trainer und Eltern schaffen ein Umfeld, in dem junge Athleten gedeihen und ihr volles Potenzial ausschöpfen können, indem sie der Sicherheit den Vorrang geben, den Spaß am Ringen fördern, den Unterricht unterhaltsam und abwechslungsreich gestalten und die Motivation der Sportler fördern. Als Trainer oder Elternteil liegt es in Ihrer Verantwortung, junge Ringer richtig anzuleiten, sie zu unterstützen und ihnen die Liebe zum Sport zu vermitteln, damit sie über Jahre hinweg engagiert und motiviert bleiben.

Tipps für Training und Wettkämpfe

Das Ringen gilt als hervorragende Möglichkeit für Kinder, um Disziplin zu lernen, die körperliche Gesundheit zu verbessern und Selbstvertrauen aufzubauen. Wie bei jeder Sportart sind jedoch auch beim Ringen Vorsichtsmaßnahmen erforderlich. Dazu gehören die richtige Ernährung, das richtige Aufwärmen und das Einhalten von Regeln, an die sich junge Kämpfer und deren Eltern erinnern müssen. Dieser Abschnitt gibt Eltern und jungen Sportlern wichtige Hinweise zum Thema Training, sowie Tipps für die Teilnahme an Wettkämpfen, um für die Sicherheit der Kämpfer zu sorgen und deren Leistungsfähigkeit zu verbessern.

Die richtige Ernährung

Die meisten Menschen wissen zwar, dass die Ernährung für einen Sportler wichtig ist, aber junge Ringer müssen sich gezielt ernähren, um die nötige Energie für die Teilnahme an Wettkämpfen zu haben. Eine ausreichende und gesunde Ernährung sollte dem wachsenden Körper eines Sportlers genügend Kohlenhydrate und Proteine bieten, um die anspruchsvollen Trainingseinheiten und rasanten Kämpfe gut zu überstehen. Ein Proteinsnack und eine Banane vor dem Training oder einem Wettkampf geben dem Sportler beispielsweise ein angemessenes Maß an Energie. Darüber hinaus können sich Eltern bei Trainern oder Ernährungsberatern informieren, um sicherzustellen, dass ihre Kinder die richtigen Nährstoffe erhalten.

Aufwärmübungen und Dehnung

Das Ringen erfordert intensive körperliche Anstrengung, und junge Ringer müssen ihre Muskeln richtig auf die Verausgabung vorbereiten, bevor die Kämpfe oder Trainingseinheiten beginnen können. Daher sollten Trainer Aufwärmübungen durchführen, die bis zu 30 Minuten dauern. Dazu gehören Dehnübungen, um Muskelverletzungen vorzubeugen, Beweglichkeitsübungen, um die Flexibilität und Explosivität der Kämpfer zu verbessern, und Kraftübungen wie Liegestütze und Sit-ups, um die Kraft der Athleten zu verbessern. Darüber hinaus sollten junge Kämpfer angewiesen werden, sich richtig zu dehnen. Dazu gehört auch, dass sie vorsichtig sind, falls sie während der Aufwärmübungen Zerrungen oder Schmerzen verspüren.

Hinweise zu den Kampfrichterregeln

Bei Ringkämpfen sind Schiedsrichter zugegen, um sicherzustellen, dass alle Kämpfe den erforderlichen Regeln entsprechen und Verletzungen wie Stürze und Zerrungen vermieden werden. Daher sollten junge Ringer die Regeln des Sports kennen, damit die Kämpfe sicher und fair bleiben. Sie sollten zum Beispiel wissen, dass bestimmte Griffe erlaubt sind, während Strategien wie Kopfstöße, Beißen oder das Stechen in die Augen des Gegners verboten sind. Darüber hinaus müssen junge Ringer auf die Anweisungen ihrer Trainer und des Schiedsrichters hören und sich respektvoll gegenüber ihren Gegnern, Trainern und Schiedsrichtern verhalten. Sie müssen lernen, mit mental und emotional herausfordernden Situationen umzugehen, z. B. wenn sie einen Kampf verlieren oder mit aggressivem Verhalten konfrontiert werden.

Stressbewältigung

Das Ringen ist ein intensiver und anspruchsvoller Sport, der bei jungen Ringern oft zu einem hohen Maß an emotionalem und mentalem Stress führt. Stress dieser Art kann die Leistung während des Trainings und der Wettkämpfe beeinträchtigen. Wenn Sie junge Ringer über die Bedeutung von Stressbewältigungstechniken wie Atemübungen, Yoga und Visualisierungsmethoden aufklären, können Sie deren Stressniveau senken und ihre Gesamtleistung steigern. Darüber hinaus können Eltern ihren Kindern helfen zu verstehen, was ihre Stressauslöser sind, und sie zu Entspannungsübungen ermutigen, um dieses Stressgefühl zu bewältigen.

Das Ringen ist ein aufregender Sport, der das körperliche und emotionale Wohlbefinden junger Sportler fördern kann. Junge Kämpfer müssen jedoch die notwendigen Vorsichtsmaßnahmen ergreifen und wesentliche Überlegungen anstellen, um beim Training stets sicher zu bleiben und ihr Bestes zu geben. Die richtige Ernährung, angemessene Aufwärmübungen, die Kenntnis der Kampfrichterregeln und Stressbewältigungsstrategien machen den Erfolg junger Ringer auf und neben der Matte aus. Daher müssen Eltern, Trainer und Kämpfer zusammenarbeiten, um eine sichere, gesunde und erfolgreiche Erfahrung für alle Beteiligten zu gewährleisten.

Kapitel 11: Erfolg im Ringen

Beim Ringen geht es um Hingabe, harte Arbeit und um die Leidenschaft, die in jeder Trainingseinheit und in jedem Moment auf der Matte steckt. Erfolgreiche Ringer wissen, dass jeder Zug zählt und dass ihre Einstellung und die richtige Vorbereitung das Ergebnis des Kampfes bestimmen. Sie haben das Selbstvertrauen und die Entschlossenheit, die erforderlich sind, um sich jedem Gegner mit einem strategischen Plan zu stellen, und die mentale Stärke, die Müdigkeit und die Schmerzen, die mit dem Sport einhergehen, zu überwinden. Der Erfolg wird beim Ringen durch kontinuierliches Training, Aufopferung und Durchhaltevermögen erkämpft.

Wenn sich all die harte Arbeit auszahlt und Sie siegreich auf der Matte stehen, sind die Befriedigung und der Stolz, die damit einhergehen, unglaublich. Dieses Kapitel wird den Erfolgsgeschichten von Ringern gewidmet, die Großes erreicht haben, und gibt Ihnen Ratschläge dazu, wie Sie als angehender Sportler Ihre Träume verwirklichen können. Diese Geschichten und Tipps werden Sie inspirieren und Sie dazu bringen, jede Herausforderung dankend anzunehmen. Die Erfolge dieser Ringer zeugen von der harten Arbeit und der Beharrlichkeit der Kämpfer. Lassen Sie uns einen näheren Blick auf die erfolgreichsten Champions werfen.

Die Triumphe der Champions

Das Ringen ist weit mehr als nur ein Sport, der zur Unterhaltung dient. Viel mehr geht es um Leidenschaft, Ausdauer und Hingabe. Im Laufe der Jahre haben viele Ringer Grenzen überschritten und neue Meilensteine erreicht. Einige der Kämpfer mit den beeindruckendsten Karrieren sollten Ihnen bekannt sein. In diesem Abschnitt werden die Erfolgsgeschichten von Champions aus der amerikanischen Wrestlingszene wie John Cena, The Rock, Charlotte Flair, Hulk Hogan und CM Punk genauer dargelegt.

John Cena

John Cena ist eine bekannte Ikone des Wrestlings. "

John Cena ist eine bekannte Ikone des Wrestlings und hat eine große Fangemeinde. Er begann seine Ringerkarriere beim Ultimate Pro Wrestling (UPW) und unterschrieb dann im Jahr 2000 bei der WWE einen Vertrag. Cena kann bei der WWE die Teilnahme an 25 Meisterschaften vorweisen. Seine Geschichte ist besonders aufgrund seiner Beharrlichkeit inspirierend. Cena musste zahlreiche Rückschläge und Verletzungen verkraften, verlor aber nie sein Ziel aus den Augen und arbeitete unermüdlich daran, wieder ins Spiel zu kommen. Durch harte

Arbeit und Hingabe wurde er zu einem der berühmtesten Ringkämpfer aller Zeiten.

The Rock

The Rock, alias Dwayne Johnson, hat eine der inspirierendsten Karrieren im professionellen Ringen. Er begann seine Karriere im Ringen mit seinem Vater Rocky Johnson und trat später der WWE bei. Nach Jahren harter Arbeit und großer Hingabe wurde er zu einem der größten WWE-Champions aller Zeiten. Auch nach seinem großen Erfolg trieb The Rock sich selbst immer weiter an seine Grenzen. Er verfolgte unter anderem seine Leidenschaft für die Schauspielerei und spielte in mehreren Blockbuster-Filmen mit. Seine Hartnäckigkeit und seine Hingabe für sein Handwerk machen ihn zu einer wahren Inspiration.

Charlotte Flair

Charlotte Flair ist die Tochter des bekannten Ringers Ric Flair, und musste schon immer in große Fußstapfen treten. Sie begann ihre Karriere im Jahr 2012 und wurde bald von der WWE unter Vertrag genommen. Seitdem hat sie zahlreiche Titel gewonnen und mehrere Rekorde gebrochen. Ihr Weg zum Erfolg basiert auf harter Arbeit, Hingabe und einer Leidenschaft für den Sport. Flair arbeitet weiterhin unermüdlich und inspiriert Ringerinnen auf der ganzen Welt dazu, ihren Träumen zu folgen.

Hulk Hogan

Hulk Hogan ist ein Name, der in der Geschichte des Ringens immer wieder auftaucht. Sein dynamisches Auftreten und seine Präsenz im Ring machten ihn einst zu einem der bekanntesten Gesichter des Wrestlings. Hogan begann seine Karriere in Tennessee und wurde bald von der WWE unter Vertrag genommen. Sein Weg zum Erfolg ist das Ergebnis von ununterbrochener Hingabe, harter Arbeit und viel Übung. Trotz zahlreicher Rückschläge machte er immer weiter und wurde zu einer lebenden Legende des Ringens.

CM Punk

CM Punk begann seine Karriere als Ringer im Independent Circuit und trat später der WWE bei. Aufgrund seiner einzigartigen Persönlichkeit und seines Ringstils gewann er schnell an Popularität. Punk wurde zu einer der treibenden Kräfte in der WWE. Doch trotz seiner Erfolge fühlte sich Punk unerfüllt und zog sich schließlich 2014 zurück. Seitdem hat er Ringer auf der ganzen Welt dazu inspiriert, ihre Träume zu verfolgen und sich ständig weiterzuentwickeln.

Die Karrieren von John Cena, The Rock, Charlotte Flair, Hulk Hogan und CM Punk deuten auf die grundlegenden Züge eines wahren Champions hin. Ihr Werdegang ist inspirierend und hat vielen Ringern als Maßstab gedient und sie dazu inspiriert, in ihre Fußstapfen zu treten. Diese Ikonen haben den Höhepunkt ihrer Karrieren nicht nur einmal, sondern immer wieder erreicht. Sie erinnern uns daran, dass wir mit harter Arbeit und Entschlossenheit alles erreichen können, was wir uns vorgenommen haben.

Profi-Tipps

Das professionelle Ringen ist ein körperlich anspruchsvoller Sport, der Kraft, Beweglichkeit und mentale Stärke erfordert. Um ein Profi-Ringkämpfer zu werden, braucht es viel harte Arbeit und Hingabe, aber mit der richtigen Herangehensweise können Sie Ihre ambitionierten Ziele erreichen und Ihre Leistung auf ein höheres Niveau bringen. In diesem Abschnitt finden Sie wertvolle Tipps zum Profi-Ringen, die Ihnen dabei helfen, Ihre Fähigkeiten zu verbessern und in diesem aufregenden Bereich erfolgreich zu sein.

- **Trainieren Sie hart und beständig:** Der Schlüssel zum Erfolg liegt beim Profi-Ringen im hartnäckigen und konsequenten Training. Arbeiten Sie an Ihrer Kraft, an Ihrer Beweglichkeit und an Ihrer Ausdauer, um zu einem besseren Ringer zu werden. Stellen Sie sicher, dass Sie ein abgerundetes Trainingsprogramm einhalten, das Gewichtheben, Cardio- und Beweglichkeitstraining umfasst. Üben Sie regelmäßig Ringtechniken, um Ihre Fähigkeiten zu verbessern und Ihr Muskelgedächtnis aufzubauen.

- **Bleiben Sie positiv und glauben Sie an sich selbst:** Profi-Ringer müssen eine positive Einstellung haben und an ihre Fähigkeiten glauben. Dieser Sport ist sehr anspruchsvoll und es wird Zeiten geben, in denen Sie Rückschläge und Misserfolge hinnehmen müssen. Es ist jedoch wichtig, stets positiv zu bleiben um immer weiter voranzukommen. Glauben Sie an sich und Ihre Fähigkeiten und geben Sie Ihre Träume nie auf.

- **Nutzen Sie Mentoren und Coaches:** Das professionelle Ringen ist ein Mannschaftssport, daher ist es wichtig, dads Sie durch ein Netzwerk von Mentoren, Trainern und Teamkameraden unterstützt werden. Suchen Sie sich einen Mentor, der Sie durch die Herausforderungen des Profisports begleiten kann und Sie dazu berät, wie Sie Ihre Fähigkeiten verbessern können. Arbeiten Sie außerdem mit einem Trainer zusammen, der Ihnen dabei helfen kann, ein auf Ihre Bedürfnisse zugeschnittenes Trainingsprogramm zu entwickeln.

- **Nehmen Sie sich Zeit zum Ausruhen und Erholen:** Das professionelle Ringen ist ein sehr anstrengender Sport, und es ist wichtig, dass Sie sich ausreichend ausruhen und erholen können. Achten Sie darauf, dass Sie ausreichend schlafen, sich gesund ernähren und auf Ihren Körper achten. Hören Sie auf Ihren Körper und machen Sie Pausen, wenn es nötig ist. So beugen Sie Verletzungen vor und stellen sicher, dass Sie stets Ihre beste Leistung bringen können.

- **Konzentrieren Sie sich auf Ihre Ziele:** Um ein erfolgreicher Profi-Ringer zu werden, brauchen Sie klare und fokussierte Ziele. Ganz gleich, ob Sie eine Meisterschaft gewinnen, bei einer großen Ringen-Organisation unter Vertrag genommen werden oder einfach nur Ihre Fähigkeiten verbessern wollen, stellen Sie sicher, dass Sie einen Plan haben und engagiert bleiben. Konzentrieren Sie sich auf Ihre Stärken, arbeiten Sie an Ihren Schwächen und streben Sie stets danach, Ihre Fähigkeiten zu optimieren.

Ratschläge für professionelle Ringkämpfer

Das professionelle Ringen ist eine aufregende Karriereoption. Es ist allgemein bekannt, dass Profi-Ringer zu den talentiertesten Sportlern der Welt gehören. Um jedoch ein erfolgreicher Profi-Ringer werden zu können, muss jeder aufstrebende Ringer einige Dinge beachten. In diesem Abschnitt finden sich einige wichtige Ratschläge für diejenigen, die eine Karriere als Profi-Ringer anstreben. Egal, ob Sie gerade erst anfangen oder schon eine Weile ringen, die folgenden Tipps werden Ihnen zum Erfolg verhelfen.

Suchen Sie sich die richtigen Trainingsressourcen, um erfolgreich zu sein

Der erste und wichtigste Ratschlag für jeden, der am professionellen Ringen teilnehmen möchte, besteht darin, sich ein gutes Trainingsprogramm zu suchen. Es reicht dabei nicht aus, sportlich zu sein oder einen guten Körperbau zu haben. Sie müssen zusätzlich auch eine gute Ausbildung in der Kunst des professionellen Ringens haben. Es gibt viele Ringschulen und Trainer, also nehmen Sie sich die Zeit, diejenigen zu finden, die für Sie am besten geeignet sind. Suchen Sie nach erfahrenen Trainern, die in der Vergangenheit erfolgreich Ringer trainiert haben. Eine gute Ausbildung wird Ihnen dabei helfen, die Feinheiten der Branche zu verstehen und Sie auf alles vorzubereiten, was dazugehört.

Suchen Sie einen Mentor oder Coach, der Sie anleitet

Neben einer guten Ausbildung ist es wichtig, einen Mentor oder Coach zu finden, der Sie anleiten kann. Das ist besonders in den frühen Phasen Ihrer Karriere wichtig. Ein Mentor gibt Ihnen wertvolle Ratschläge zu allem, von der Ringausrüstung bis zur Psychologie im Ring. Er kann Sie mit anderen Ringern und Promotern bekannt machen, was für den Aufbau von Kontakten in der Branche von unschätzbarem Wert sein kann. Mentoren können fast überall gefunden werden, von Ihrer Ringen-Schule bis hin zu unabhängigen Shows. Nutzen Sie die Gelegenheit, von den Menschen zu lernen, die bereits dort waren, wo Sie hinwollen.

Entwickeln Sie Ihre mentale Stärke und bleiben Sie positiv

Das professionelle Ringen ist ein heikles Geschäft. Die körperlichen Anforderungen des Jobs sind nur der Anfang. Sie müssen mit Ablehnung, Enttäuschungen und Verletzungen umgehen können. Um in dieser Branche erfolgreich zu sein, müssen Sie also mental stark sein und mit Widrigkeiten klarkommen. Versuchen Sie, trotz allem positiv zu bleiben. Konzentrieren Sie sich auf die Dinge, die Sie kontrollieren können, und lassen Sie sich nicht von denen entmutigen, die Sie nicht kontrollieren können. Glauben Sie stattdessen an sich und Ihre Fähigkeiten und machen Sie weiter.

Setzen Sie sich realistische Ziele und halten Sie an ihnen fest

Einer der größten Fehler von aufstrebenden Ringkämpfern besteht darin, dass sie sich unrealistische Ziele setzen. Zwar ist es wichtig, große Träume zu haben, aber es ist auch wichtig, sich erreichbare Ziele zu setzen. Das bedeutet, dass Sie kurzfristig und langfristig Ziele setzen können. Zu den kurzfristigen Zielen gehört es zum Beispiel, für mehrere Kämpfe in einem Monat gebucht zu werden. Langfristig können Sie versuchen, bei einer großen Ringagentur unter Vertrag genommen zu werden. Sobald Sie sich Ihre Ziele gesetzt haben, ist es wichtig, dass Sie sich an diese Ziele halten. Bleiben Sie konzentriert und engagiert und machen Sie weiter, auch wenn die Dinge nicht so schnell passieren, wie Sie es sich wünschen.

Suchen Sie Kontakt zu anderen Ringern und Agenturen

Die richtigen Kontakte sind für den Erfolg in der Branche entscheidend. Der Aufbau von Kontakten zu anderen Ringern und verschiedenen Agenturen, die Ringer vertreten ist von großem Vorteil. Besuchen Sie Shows und Kongresse und stellen Sie sich dort den Leuten vor. Bieten Sie Ihnen an, bei Shows und Veranstaltungen zu helfen, und seien Sie dazu bereit, von den Menschen in Ihrer Umgebung zu lernen. Je mehr Leute Sie in der Branche kennen, desto besser sind Ihre Chancen, für Shows gebucht zu werden und Ihre Karriere voranzutreiben.

Tipps für Ringerinnen

Frauen, die sich für den Ringkampfsport interessieren, schrecken oft vor dem Sport zurück, weil er als sehr körperlich und von Männern dominiert empfunden wird. Dabei ist der Ringsport für Frauen genauso zugänglich wie für Männer. Alles, was Sie brauchen, sind Ausdauer, Hingabe und ein unerschütterlicher Glaube an sich selbst. In diesem Abschnitt erfahren Sie mehr über Tipps, die Frauen dabei helfen, diesen fantastischen Sport für sich zu erobern.

Haben Sie keine Angst davor, für sich selbst einzutreten

Ringerinnen fühlen sich oft eingeschüchtert, wenn sie nur von Männern umgeben sind. Aber jeder Kämpfer muss den Sport erst einmal lernen. Es ist wichtig, dass Sie Ihre Grenzen und Ihre Komfortzone offen ansprechen und durchsetzen, denn niemand kennt Sie besser als Sie sich selbst. Schrecken Sie nicht davor zurück, Ihre Trainer und Mannschaftskameraden um Hilfe oder um Tipps zu bitten. Wenn Sie Ihre Bedürfnisse lautstark äußern, werden Sie schnell den Respekt und die Unterstützung der anderen Kämpfer gewinnen.

Fangen Sie klein an und arbeiten Sie sich hoch

Klein anfangen heißt, dass Sie eine Hürde nach der anderen bewältigen. Stürzen Sie sich nicht gleich in fortgeschrittene Trainingsprogramme, ohne die Grundlagen zu beherrschen. Beginnen Sie mit den Grundlagen, konzentrieren Sie sich auf den richtigen Stand und Ihre Fußarbeit und machen Sie die Basisbewegungen richtig. Üben Sie dann die Techniken, die Ihnen am besten liegen, und bauen Sie diese anschließend aus. Indem Sie die Grundlagen perfektionieren, schaffen Sie sich eine solide Basis für ein späteres fortgeschrittenes Lernen.

Haben Sie Vertrauen in Ihre Fähigkeiten und Fertigkeiten

Das Ringen ist einschüchternd, besonders wenn man erfahrene Ringer in Aktion sieht. Aber lassen Sie sich davon nicht entmutigen. Der Glaube an sich selbst und an Ihre Fähigkeit zu lernen und zu wachsen hängt wie bei jedem Ringer von Ihrer grundlegenden Einstellung ab. Betreten Sie den Ring mit einer positiven Einstellung. Stellen Sie sich Ihren Auftritt vor, geben Sie Ihr Bestes und konzentrieren Sie sich auf die Bewegungen, die Sie besonders gut können. Glauben Sie an Ihre Fähigkeiten und Fertigkeiten, um das Spiel mit Sicherheit zu gewinnen.

Finden Sie Mentoren, die Ihnen dabei helfen können, Ihre Fähigkeiten zu erweitern

Es ist für Ringer von großem Vorteil, einen Mentor zu haben. Halten Sie Ausschau nach Ringern, die dort waren, wo Sie sind, und die Ziele erreicht haben, die Sie sich auch gesetzt haben. Mentoren bieten Ihnen klare Anleitungen, Motivation und praktisches Training und teilen ihre Erfahrungen mit Ihnen. Sie können viel von den Menschen lernen, die das durchgemacht haben, was Sie gerade durchmachen.

Erhalten Sie sich eine positive Einstellung und glauben Sie an sich selbst

Eine positive Einstellung ist in jedem Bereich des Lebens entscheidend für den Erfolg; beim Ringen ist das nicht anders. Eine positive Einstellung verlangt nicht, dass man immer alles richtig machen muss. Sie bedeutet, dass man dazu bereit ist, aus seinen Fehlern zu lernen und sich zu verbessern. Kein Ringkämpfer ist perfekt. Aber jeder Fehler kann eine Chance sein, um zu lernen und sich zu verbessern. Bleiben Sie bei guter Laune und geben Sie sich selbst die Möglichkeit, zu wachsen und Ihre Fähigkeiten zu entwickeln.

Frauen können beim Ringen Erfolg haben. Beim Ringen gibt es keine geschlechtsspezifischen Einschränkungen, und wenn Sie mit ganzem Herzen dabei sind und die oben genannten Tipps beherzigen, können Sie zu einem weiblichen Champion werden. Seien Sie mutig und stehen Sie für sich selbst ein, fangen Sie klein an und bauen Sie auf dieser Basis auf, haben Sie Vertrauen in Ihre Fähigkeiten und Fertigkeiten, suchen Sie sich Mentoren, die Sie anleiten, und behalten Sie immer eine positive Einstellung bei. Glauben Sie an sich selbst, um Ihre Ziele im Handumdrehen zu erreichen. Denken Sie daran: Je mehr Sie üben, desto besser werden Sie, und seien Sie immer bereit, noch mehr zu lernen. Schließlich ist es an der Zeit, auf die Matte zu gehen.

Allgemeine Tipps zum professionellen Ringen

Ganz gleich, ob Sie sich zum Profi-Ringer ausbilden lassen oder ob Sie ein Neuling sind, es ist wichtig, die Grundlagen richtig zu erlernen, um mögliche Verletzungen zu vermeiden. In diesem Abschnitt finden Sie einige allgemeine Tipps zum professionellen Ringen, die Ihnen dabei helfen, sich geistig und körperlich auf die bevorstehenden Herausforderungen vorzubereiten.

- **Sicheres Training zur Vermeidung von Verletzungen:** Das Ringen ist ein Kontaktsport mit vielen Körperkontakten, die zu Verletzungen führen können. Daher ist es wichtig, sichere Techniken einzusetzen und Schutzausrüstung wie Helme, Ellbogenschützer, Knieschützer, Mundschutz und Leistenschützer zu tragen. Wärmen Sie sich vor dem Training oder einem Wettkampf immer auf, um Verletzungen zu vermeiden.

- **Erlernen Sie die Regeln des professionellen Ringens:** Sie müssen die Regeln des professionellen Ringens beherrschen, um erfolgreich zu sein. Es ist wichtig, die verschiedenen Kämpfe zu studieren, den Aufbau des Rings genau zu verstehen und die spezifischen Bewegungen und Griffe zu erlernen. Schauen Sie sich dazu beispielsweise Ringkämpfe an, um von anderen erfahrenen Ringern zu lernen.

- **Bleiben Sie in Form und achten Sie auf die Hydration:** Im Profi-Ringen sind Ausdauer und Kraft entscheidend. Daher ist es wichtig, dass Sie mit einer ausgewogenen Ernährung und einem Trainingsprogramm, das Ausdauer- und Krafttraining umfasst, in Form bleiben. Außerdem ist die ausreichende Flüssigkeitszufuhr bei jeder Sportart für eine optimale Leistung unerlässlich. Trinken Sie vor, während und nach dem Training oder Wettkampf viel Wasser.

- **Hören Sie auf Ihren Körper und respektieren Sie Ihre Grenzen:** Beim Profi-Ringen ist es wichtig, dass man seine Grenzen kennt und respektiert. Wenn Sie sich zu sehr anstrengen, kann das zu Verletzungen führen. Hören Sie also auf Ihren Körper und machen Sie Pausen, wenn es nötig ist. Gehen Sie beim Kämpfen keine unnötigen Risiken ein. Ihre Sicherheit und die der anderen Ringer hat immer Vorrang.

- **Nutzen Sie die Visualisierungsmethode, um Ihre Ziele zu erreichen:** Die Visualisierung bietet Ihnen eine hervorragende Technik, um Ihre Ziele im professionellen Ringen zu erreichen. Wenn Sie sich zum Beispiel vorstellen, wie Sie eine perfekte Bewegung durchführen oder die Bewegungen Ihres Gegners vor dem Kampf beobachten, können Sie sich einen Vorteil verschaffen. Außerdem können Sie sich vorstellen, wie sich ein Sieg anfühlt, da dies Ihr Selbstvertrauen und Ihre Motivation steigern kann.

Um im Ringen erfolgreich zu sein, sind ein paar Dinge wirklich wichtig. Erstens müssen Sie den Sport leidenschaftlich betreiben. Das Ringen ist nichts, was Sie halbherzig betreiben können und von dem Sie erwarten können, dass Sie mit wenig Mühe Erfolge erzielen. Sie müssen dazu bereit sein, Zeit und Mühe zu investieren, um körperlich und geistig effektiv zu trainieren. Darüber hinaus müssen Sie eine starke Arbeitsmoral und ein unerschütterliches Engagement für Ihre Ziele mit sich bringen.

Ganz gleich, ob Sie eine Meisterschaft gewinnen oder Ihre Fähigkeiten verbessern wollen, Sie brauchen eine unnachgiebige Leidenschaft für Ihr Handwerk. Schließlich ist es am besten, wenn Sie sich mit Menschen umgeben, die Sie auf Ihrem Weg unterstützen und ermutigen. Ihre Trainer, Mannschaftskameraden und Familienmitglieder sind entscheidend für Ihren Erfolg auf der Ringermatte. Mit Leidenschaft, harter Arbeit und einem starken Team können Sie beim Ringen und weit darüber hinaus alles erreichen.

Fazit

Das Ringen ist eine der ältesten und anspruchsvollsten Sportarten der Welt. Die Kampfsportart bietet denjenigen, die bereit sind, die nötige Zeit und Mühe zu investieren, um die richtigen Techniken zu beherrschen, unzählige Vorteile und Belohnungen. Von einer verbesserten Körperhaltung und einem hervorragenden Gleichgewicht bis hin zur Lehre von fortgeschrittenen Manövern und Techniken ist das Ringen ein umfassender Sport, der Kraft, Beweglichkeit und einen scharfen Verstand erfordert. Ganz gleich, ob Sie ein Jugend-, Highschool- oder College-Sportler sind oder einfach nur wieder in Form kommen wollen, das Ringen bietet Ihnen eine aufregende und lohnende Herausforderung, und kann Ihr Leben innerhalb und außerhalb des Rings verbessern.

Beim Ringen geht es darum, einen Gegner zu packen, um ihn zu kontrollieren und am Boden festzuhalten. Zu den grundlegenden Regeln und Techniken, die jeder Ringer beherrschen muss, gehören die richtige Haltung, die zweckmäßige Platzierung der Hände und der richtige Griff. Ziel des Ringens ist es, Ihren Gegner zu Boden zu bringen und ihn mit geschickt kombinierten Bewegungen wie Takedowns, Gelenksperrgriffen und Pin-Manövern zu kontrollieren. Dieses Lehrwerk behandelt die Grundlagen des Ringens, von den grundlegenden Regeln und Techniken bis hin zu fortgeschrittenen Bewegungen und Strategien. Das Buch hat die Grundlagen der richtigen Körperhaltung und des guten Gleichgewichts sowie die Durchführung von Entkommens- und Hebemanövern behandelt. Außerdem wurde die Kunst des Angreifens und Konterns erörtert und erklärt, wie man Wendetechniken effektiv einsetzt.

Eine der wichtigsten Voraussetzungen für den Erfolg beim Ringen sind die richtige Körperhaltung und ein gutes Gleichgewicht. Das heißt, dass Sie Ihren Schwerpunkt niedrig halten, die Füße schulterbreit auseinanderstellen und auf ein mittiges Gleichgewicht achten müssen. Diese Fähigkeit erfordert Übung und Disziplin, die durch konsequentes Training und Coaching entwickelt werden können. Das Ringen umfasst mehrere fortgeschrittene Manöver und Techniken, die Kraft, Beweglichkeit und Präzision erfordern. Zu diesen Manövern gehören durchschlagende Bewegungen, wie Takedowns mit zwei Beinen, Angriffe mit einem Bein sowie Hebe- und Wurfmanöver, die schnelle Reflexe und ein gutes Timing erfordern.

Zu den wichtigen Aspekten des Ringens gehören effektive Angriffs und Gegenangriffsmanöver. Bei dieser Fähigkeit geht es darum, dass Sie sich Gelegenheiten schaffen, um Punkte zu erzielen, und die Bewegungen Ihres Gegners vorauszusehen und zu neutralisieren. Dies erfordert strategisches Denken, körperliches Geschick und mentale Stärke. In diesem Leitfaden finden Sie verschiedene Übungen und Trainingstipps, um Ihre offensiven und defensiven Fähigkeiten zu entwickeln.

Das Ringen erfordert außerdem ein ausgeprägtes Verständnis von Wende- und Fluchtstrategien, die es Ihnen ermöglichen, sich aus einer ungeschützten Position zu befreien und die Kontrolle über den Kampf zurückzugewinnen. Diese Fähigkeiten erfordern schnelles Denken, Beweglichkeit und die Bereitschaft, kalkulierte Risiken einzugehen, um sich einen Vorteil zu verschaffen. Schließlich besteht das Ringen aus verschiedenen Pin-Kombinationen, bei denen die Körperkraft und das strategische Denken des Kämpfers zum Einsatz kommen. Diese Bewegungen ermöglichen es Ihnen, die Kontrolle über Ihren Gegner zu erlangen, und sich einen Sieg zu erringen. Aber Sie müssen lernen, sich an wechselnde Umstände anzupassen und schnell auf die Bewegungen Ihres Gegners zu reagieren.

Das Ringen ist ein einzigartiger Sport, der Ihnen sowohl geistige als auch körperliche Herausforderungen bietet und somit eine ideale Wahl für all diejenigen ist, die ihre Gesundheit und Fitness verbessern wollen. Ganz gleich, ob Sie an einem Wettkampf auf hohem Niveau interessiert sind oder einfach nur wieder in Form kommen und wertvolle Fähigkeiten für das Leben erlernen möchten, das Ringen bietet Ihnen eine aufregende und lohnende Herausforderung, die Ihnen dabei hilft, auf und neben der Matte Selbstvertrauen, Disziplin und Widerstandsfähigkeit aufzubauen.

Warum probieren Sie das Ringen also nicht einmal aus und entdecken Sie, wie dieser uralte Sport Ihr Leben verbessern könnte?

Viel Glück bei Ihrer Ausbildung zum Ringkämpfer!

Hier ist ein weiteres Buch von Clint Sharp, das Ihnen gefallen könnte

Referenzen

(N.d.). Wvmat.com. https://www.wvmat.com/overview.htm

History of Ringen & UWW. (n.d.). United World Ringen. https://uww.org/organisation/history-Ringen-uww

Overview of Ringen rules. (n.d.). Finalsite.net. https://resources.finalsite.net/images/v1583950707/sacredsf/c1vuicxnw1w5xwmwi7vs/Ringen_packet.pdf

Rookie Road. (2019, December 29). What is Ringen? Rookieroad.com; Rookie Road. https://www.rookieroad.com/Ringen/what-is/

The history of Ringen. (2010, June 10). Athleticscholarships.net. https://www.athleticscholarships.net/history-of-Ringen.htm

What Are the Different Types of Ringen? (2021, February 18). Fitness Quest. https://www.fitnessquest.com/what-are-the-different-types-of-Ringen/

Wikipedia contributors. (2023, May 29). Ringen. Wikipedia, The Free Encyclopedia. https://en.wikipedia.org/w/index.php?title=Ringen&oldid=1157634607

Wild Pages Press. (2017a). Ringen: Notebook. Createspace Independent Publishing Platform.

Wild Pages Press. (2017b). Ringen: Notebook. Createspace Independent Publishing Platform.

Ringen facts. (n.d.). Auburntakedown.com. http://www.auburntakedown.com/parents-corner/Ringen-facts.html

Bildquellen

1 https://unsplash.com/photos/o6h-CuvAypE?utm_source=unsplash&utm_medium=referral&utm_content=creditShareLink
2 https://www.pexels.com/photo/plus-size-woman-standing-on-scale-6551401/
3 https://www.pexels.com/photo/young-determined-man-training-alone-on-street-sports-ground-in-sunny-day-3768901/
4 https://www.pexels.com/photo/woman-in-green-sports-bra-and-black-leggings-doing-leg-lunges-999257/
5 https://commons.wikimedia.org/wiki/File:Submission_Ringen.jpg
6 daysofthundr46, CC BY-SA 2.0 <https://creativecommons.org/licenses/by-sa/2.0>, via Wikimedia Commons: https://commons.wikimedia.org/wiki/File:Antonio_Thomas_with_armbar.jpg
7 https://commons.wikimedia.org/wiki/File:DF-SD-01-06921.jpg
8 https://www.pexels.com/photo/man-in-black-t-shirt-and-black-shorts-standing-on-brown-wooden-floor-4753985/
9 https://www.pexels.com/photo/people-workout-using-resistance-bands-6516206/
10 https://unsplash.com/photos/DCqXIFXoqr0?utm_source=unsplash&utm_medium=referral&utm_content=creditShareLink
11 Gage Skidmore aus Peoria, AZ, Vereinigte Staaten von Amerika, CC BY-SA 2.0 <https://creativecommons.org/licenses/by-sa/2.0>, via Wikimedia Commons: https://commons.wikimedia.org/wiki/File:John_Cena_July_2018.jpg

www.ingramcontent.com/pod-product-compliance
Lightning Source LLC
Chambersburg PA
CBHW051851160426
43209CB00006B/1250